우리가 보지 못한 대한민국

일러두기

『우리가 보지 못한 대한민국』은 지난 2020년부터 2021년까지 《엘르 코리아》에 연재한 「라파엘의 한국살이」를 바탕으로 개고 및 재구성한 글이다.

라파엘 라시드
허원민 옮김

우리가 보지 못한 대한민국

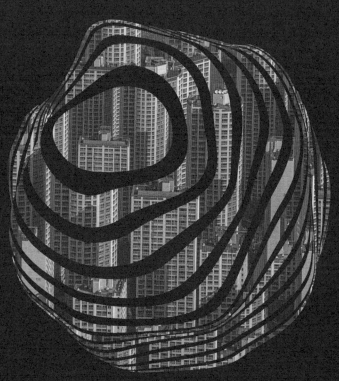

민음사

차례

1장 어쩌다 서울에서 살고 있는 외국인 저널리스트

11

2장 지금 당신은 행복한가요?

노오오오력   25
꿈이 뭐야?   26
스펙 쌓고 있어?   31

3장 연애와 결혼의 의무

이상형은 누구예요?   39
왜 여친 없어?   41
소개팅할래?   44
자기야, 사랑해   46
연봉을 입력해 주세요   50
그래서 결혼은?   51

4장 직장이라는 지옥

SJN, BSJN, ISN, BJN, CJN, GJN, DRN   59
이거 급한 거야   63
좋은 데 가시죠!   67
퇴사하고 싶다   69

5장 한국 언론은 왜 타락했나

팩트 만들기, 축소하기, 부풀리기   75

소설의 냄새가 난다   77

팩트 체크의 부재   79

복붙   83

언론의 자유란 수정과 삭제의 자유인가?   84

뒷광고   87

언론 윤리의 부재   88

6장 흑백 논리의 나라

분열 국가   95

너 도대체 어느 쪽이야?   97

너 '페미'야?   101

바람직한 것 vs. 바람직하지 못한 것   108

7장 자기 모습 그대로

펭수 현상   113

외모가 바람직하지 않을 때   115

성적 지향이 바람직하지 않을 때   119

출신 지역이 바람직하지 않을 때   122

행동이 바람직하지 않을 때   127

그럼 이상적인 사람이란?   130

차별은 안 되지만 차별은 괜찮아   133

8장 왜 한국을 혐오해?

한국의 '외국인'   141

"우리나라에서 나가라!"   143

한국은 지옥인가?   147

9장 코로나 이후의 우리

언택트 시대에 더불어 살아가기   155

1장

어쩌다

세계에서 살아 있는

일류인 저널리스트

나는 프리랜서 저널리스트로, 서울에서 살고 있다. 방글라데시인 아버지와 프랑스인 어머니 사이에서 태어났고, 영국에서 자랐다. 그리고 나는 세쌍둥이 중 둘째다. 나는 동양인도 서양인도 아닌, 혼혈 외국인으로 한국에서 십 년간 살아왔다.

사실 한국에서 이렇게 오랫동안 머물 줄은 몰랐다. 어떤 이유에서인지 쉽게 떠날 수 없었다. 처음에는 한국에서의 모든 일들을 그저 새롭게 느꼈지만 제법 긴 세월 동안 지내다 보니, 어느덧 정겹고 익숙한 일상이 되었다. 그리고 그런 일상을 떠나기란 점점 쉽지 않아 보인다. 십 년 남짓 한국에서 살면서 나에 대해, 그리고 한국 사회에 대해 많이 배우고 알게 됐다.

이 책을 시작하게 된 이유를 이야기하기에 앞서, 왜 굳이 한국이라는 나라를 선택했는지 설명하는 게 우선일 듯하다.

솔직히 잘 모르겠다. 그냥 우연한 작은 사건들이 이어지고, 그런 일들이 켜켜이 쌓이다 보니 어느새 여기까지 오게 됐다.

내가 어렸을 적, 아버지는 런던 중심가에서 패션 액세서리 가게를 운영했다. 아버지는 인건비를 절약하려고 중학생밖에 안 된 나를 주말 점원으로 활용했다. 점심시간이면 어김없이 근처 카페에서 샌드위치를 사 오라고 했다. 똑같은 샌드위치가 지겨웠던 나는 근처 골목길에서 우연히 '코리안 벤토'(당시 영국에서는 모든 도시락을 일본어 '벤토'라고 불렀다.) 매장을 발견했고, 그렇게 아버지와 난생처음 '코리안 음식'을 접하게 되었다. 달콤하게 양념한 소고기와 빨갛게 절인 배추에 맛을 들인 우리는, 이제 점심 메뉴를 보다 다채로운 '코리안 벤토'로 바꾸었다.

언젠가부터 학교 가는 길에 놓인 공중전화 부스에 아시아 영화 포스터가 붙어 있었다. 처음에는 무심코 지나쳤지만 일 년 내내 같은 포스터가 붙어 있다 보니 어느 날 눈여겨보게 되었다. 그 영화는 바로 박찬욱 감독의 「올드보이」(2003)였고, 좀 더 나중에야 알았지만 한국 영화였다. 이런 사소한 계기로 나는 한국에 대해 호기심을 품게 되었고, 어렵지 않게 구글링을 시작했다. 그러면서 점점 한국이라는 나라에 눈을 뜨게 되었다.

첫 대학교에서의 전공은 컴퓨터 공학이었다. 그곳에 입학하자마자 우연히 외부 장학금을 받게 되었고, 갑작스레 여유 자금이 생긴 나는 한국 여행을 꿈꿨다. 전공 수업 시간에 맨 뒷자리에 앉아서 초심자를 위한 한국어 서적을 읽곤 했다. 아니나 다를까 그 학기에 내 성적은 바닥을 쳤다. 난생처음 경험한 학업 실패는 큰 충격이었다. 그 결과를 순순히 받아들일 수 없었고, 어떻게 대처해야 할지 알지 못했다. 하루빨리 이런 현실에서 벗어날 수 있는 방법만을 궁리했고, 드디어 방학이 왔다.

나는 방학 동안 늘 마음속에 그리던 한국을 여행하기로 마음먹었다. 주변 친구들은 유럽 대륙이나 호주, 태국, 베트남처럼 전 세계적으로 널리 알려진 관광지로 떠난다고 했다. 내가 한국에 간다고 하니 그들은 왜 익숙하지 않은, 그린 낯신 나라에 가느냐고 반문했다. 십오 년 전만 해도 한국에 대해서 아는 사람은 많지 않았다. 그러다 보니 대부분의 (영국) 사람들은 남한과 북한이 다른 나라임을 알지 못했고, 내 어머니도 '가난하고 핵무기를 보유한 위험한 나라'에 가는 일을 반대했다. 심지어 런던의 한국관광공사에서 한국 관련 정보를 수소문할 때에도, 왜 굳이 한국에 가려고 하는지 궁금해했다.

이러한 회의 섞인 주변의 반응은, 오히려 나의 결심을 더욱 굳히게 했다. 세쌍둥이끼리 십삼 년간 한 학교에 함께 다니다 보니, 매 순간 다른 형제들과 비교당하는 데에 진절머리가 나 있었다. 그래서인지 모르겠지만 나는 자연스럽게 나만의 고유한 특성을 살리는 일에 지대한 관심을 두었다. 남들이 안 해 본 것, 남들이 모르는 것, 남들이 관심 주지 않는 것, 남들이 가 보지 못한 곳, 남들이 반대하는 것…… 이것이 곧 내가 가야 할 길이었던 셈이다. 나는 무의식적으로 이렇게 다른 쌍둥이 형제와 스스로를 구별하는 방법을 찾았던 듯하다.

마침내 2006년 봄, 나는 처음 한국으로 삼 주 동안 배낭여행을 떠나게 되었다. 아버지와의 추억이 담긴 불고기를 현지에서 맛볼 수 있다는 사실에 행복했고, 그 밖에도 기상천외한 음식들이 많이 있음을 알게 되었다. 서울의 고층 빌딩 숲, 용산전자상가, 속초와 설악산, 부산 바닷가, 경주, 해인사를 두루 여행하며 미리 구글링으로 예상했던 것들이 전부 '사실'임을 확인했다. 한국은 현대적이고 평화로운 나라며, 런던에 있는 주변 사람들의 우려가 오해임을 확신할 수 있었다.

한국 배낭여행의 대부분이 색다른 경험이었지만 그중에서도 DMZ(비무장 지대)는 나에게 더욱 특별하게 다가왔다. 나는 유럽의 평화로운 시대와 사회 환경에서 나고 자랐다. 물론 교과서와 뉴스에서 간접적으로 전쟁을 접하곤 했지만 나의 현실과는 동떨어진 별개의 사건으로 여기며 큰 관심을 두지 않았더랬다. 그래서 DMZ처럼 두 나라 사이의 군사적 긴장 상태를 직접 체험할 수 있는 기회는 여태껏 없었다. 부유하고 평화로운 한국 바로 위에는 절대 넘을 수 없는 장벽이 가로막혀 있고, 그 벽 너머로 가난하지만 핵무기를 가지고 있는 위험한 독재 국가가 있다는 사실은 제법 충격이었다. 여기서 나는 미지의 또 다른 코리아를 빠른 시일 내에 방문해야겠다고 결심했다.

배낭여행을 마치고 영국으로 돌아오는 비행기에 몸을 실은 나는 내 삶을 바꿀 은인을 바로 옆자리에서 만나게 되었다. 열두 시간의 긴 여정 동안 옆자리에 앉은 여성과 대화를 나누게 되었는데, 그녀는 나에 대해서 물었다. 나는 컴퓨터 공학을 전공하고 있다고 답했고, 그녀는 그 전공이 마음에 드는지 물었다. 학기를 패스하기도 어려울 만큼 낮은 점수를 받았던 나는 즉각적으로 내 전공이 싫다고 대답했다. 그러자 그녀가 다시 물었다.

그럼, 왜 그 전공을 계속 공부하니?

나는 답할 수 없었다. 왜냐하면 내가 컴퓨터 공학을 전공하는 이유를 스스로도 몰랐기 때문이다. 과거를 다시 돌아보니, 나는 중·고등학교 시절에 수학 점수가 가장 높았고 컴퓨터 공학은 졸업 후 돈을 잘 벌 수 있는 분야였기 때문에 별생각 없이 선택한 것이었다. 말은 이렇게 했지만 사실 나는 대학교 전공 선택 때문에 고등학교 진로 상담 사무실에 자주 드나들었다. 내가 도대체 앞으로 뭘 해야 하는지 답을 얻고 싶었고 두 시간에 걸친 진로 테스트도 마쳤다. 나의 진로 테스트 결과는 대형 트럭 운전사였다. 좋은 고등학교에서 명문 대학을 목표로 두고 있던 나에게 대형 트럭 운전사라니……. 그 당시 철없던 나는 분명 뭔가 잘못된 결과라고 느꼈고, 막연하게 미래가 보장된 듯 보이는 컴퓨터 공학을 전공으로 선택했다.

그녀는 다시 물었다. 그럼, 넌 뭘 좋아해?

나는 아시아에 관심이 있고, 고등학교와 대학교에서는

전공과 상관없는 일본어 과정을 듣기도 했는데, 즐거운 시간
이었다고 답했다.

왜 네가 좋아하는 것을 전공하지 않고?

왜? 왜일까? 지금까지 살면서 단 한 번도 가져 보지 않은
질문이었고, 그럴 수 있다는 상상조차 해 본 적이 없었다.

그녀는 내가 살면서 만난 최고의 진로 상담사였다. 왜냐
하면 그녀와의 짧은 만남 덕에 나는 내가 좋아하는 전공을 선
택하게 되었고, 더 나아가 내가 좋아하는 일을 하면서 살아가
게 되었기 때문이다. 그녀가 아니었다면 나는 지금쯤 어느 회
사의 IT 부서에서 하루 종일 컴퓨터 모니터를 쳐다보는 일을,
단지 보수가 괜찮다는 이유 하나만으로 버텨 내고 있었으리라.

런던 공항에 도착하자마자 나는 대학교에 전화를 걸어
서 학교를 그만두겠다고 알렸다. 내가 전공 수업을 들으며 뒷
자리에서 몰래 읽었던 『한국어 자습서』의 저자는 런던 대학교
SOAS(School of Oriental and African Studies)의 한국학과 교수였
는데, 나는 이 만남을 계기로 그곳에 재진학해서 일본·한국학
을 전공하게 되었다.

여기서 그치지 않고, 나는 지난번 DMZ 방문 때 결심한 대로 북한을 이 주간 여행했다. 평양 공항에 도착하기 전까지 나는 마치 공포 영화를 보듯 긴장했고, 배정된 가이드를 따라 다니는 내내 익숙하지 않은 선전·선동 활동에 의무적으로 참여해야 했다. 그러는 사이 가이드와 조금 친해질 수 있었고 이런저런 얘기를 주고받다 보니, 북한 사람들 역시 우리와 다를 바 없이 결혼이나 직업 같은, 엇비슷한 고민을 안고 살아가고 있음을 알 수 있었다.

2011년 영국에서 대학교를 졸업한 뒤 나는 고려대학교 한국학 석사 과정을 다니게 되었다. 석사 과정은 한국 사회에 대해 좀 더 깊이 배울 수 있는 기회였고, 여행이 아닌 일상을 통해 한국이라는 나라를 생생하게 체험하는 기간이었다. 대학원 졸업 후 나는 한 홍보 회사에 삼 년간 다녔다. 그리고 현재는 프리랜서로서 한국과 관련한 다양한 주제로 기사를 쓰고, 미디어 콘텐츠 생산에 참여하고, 홍보 의뢰를 맡는 등의 다양한 활동을 하며 지내고 있다. 이렇게 십여 년 동안의 한국 생활이 눈 깜빡할 사이에 지나갔다.

나는 저널리스트로서 주류 외신에서 외면해 온 이슈에 대해 관심을 둔다. 외신들이 주로 주목하는 한국 관련 이슈는

K-팝, 성형 수술, 삼성, 북한 핵, 탈북자의 생존기 정도라고 요약할 수 있다. 하지만 내가 일상에서 보고 경험하는 한국 사회의 이슈는 이보다 다양하며 방대하다. 나는 특히 사회적 약자와 관련한 이슈에 관심을 갖는다. 빈곤, 성범죄, 인권, 성평등, 남녀 갈등, 차별과 같은 이슈들은 외신에서 잘 다루어지지 않는다. 그래서 이런 현실을 극복하고자 친구들과 '코리아 엑스포제'라는 영문 사이트를 만들고 기사와 오피니언을 게재해 왔다. 그리고 기사에 미처 담지 못한 이슈들은 트위터를 통해 전달하고 있다.

이런 활동의 연장선으로 최근 《엘르 코리아》에 '라파엘의 한국살이'라는 제목으로 50회의 연재 기고를 마쳤다. 내가 원하는 주제와 내용을 자유롭게 쓸 수 있다는 편집자의 솔깃한 제안에 따라 나는 한국에서 보고 듣고 느낀 바를 긍정적이든 부정적이든 과감하게 독자들과 나누었다. 에둘러 표현하지 않고 직설적인 의견을 피력하면서 많은 공감과 지지를 받기도 했고 때로는 많은 독자들을 불편하게 만들었다. 사실 그동안 한국의 주류 미디어에서 외국인들의 역할은 한국 사회를 아름답게 포장하는 것에 치우쳐 있었다. 하지만 나는 그런 역할과는 다른 역할을 맡기로 결심했고 이를 충실히 실행에 옮겼다.

한국은 언제부터인가 전 세계가 동경하는 공간이 되었다. 문화적 한류를 선두로 기술적으로나 정치적으로 진보적이며 경제적으로도 성공한 나라라고 인식된다. K-팝, K-푸드, K-드라마, K-영화, K-패션, K-뷰티 등 한국은 힙하고 쿨한 선도 국가다. 처음 배낭여행으로 한국에 간다고 했을 때, 주변에서 "굳이 한국에 여행 가야 해?"라고 물었다면 현재는 많은 이들이 나의 선택을 부러워하고 있다.

이처럼 한국은 남들이 볼 때 살고 싶은 나라로 발전했지만 아이러니하게도 정작 한국에 사는 사람들이 느끼는 현실은 그렇지 않아 보인다. 대다수의 한국 사람들은 굳이 '헬조선'에서 살기로 결심한 나의 선택에 대해 이해할 수 없다는 반응을 보인다. 내 또래의 많은 한국인들은 자기 삶에 불만족해하며 우울함과 불행을 느끼고 있다. 통계청 자료에 따르면 한국인 십 대에서 삼십 대까지의 사망 원인 1위는 질병도 사고도 아닌 자살이다. 또한 행복도 조사에서 OECD 37개 국가 중 한국은 그리스와 터키 다음으로 35위다.

솔직히 현재 자신이 행복하다고 자신 있게 말할 수 있는 이는 내 주변에 많지 않다.

다시 내가 연재했던《엘르 코리아》이야기를 잠깐 하자면 사실 내가 쓴 연재 기사를 관통하는 주제는 불행이었다. 무엇이 한국에서 나와 내 주변 사람들을 불편하게 하는지 들여다보다 보니 50회까지 이어 가게 되었다. 할 말은 많지만 마땅히 표현할 수단이 없는 이들의 이야기에 귀를 기울이다 보니 글의 소재를 찾는 일은 크게 어렵지 않았다.

　내가 컴퓨터 공학을 전공으로 선택했을 때처럼 많은 사람들은 주변과 사회가 요구하는 기준에 스스로를 억지로 끼워 맞추고자 노력하지만, 그로 인해 삶은 불행해진다. 물론 인간 사회를 유지하기 위해서는 개인의 선택이 어느 정도 제약받을 수밖에 없다. 하지만 그 제약의 강도가 크면 클수록, 그리고 제약의 종류가 많으면 많을수록 개인의 진정한 모습을 발견하기는 더욱 어려울 수밖에 없다. 주변과 사회가 요구하는 모범상(정상성)에 집착하면 자기가 하고 싶은 것이 무엇인지 찾을 수 없고, 결과적으로 자신의 삶을 살기가 불가능해진다.

　다음 장에서부터 어떤 종류의 사회적 요소들이 지난 십 년간 나를 불편하게 했는지, 그리고 많은 이들을 불행하게 만들었는지 살펴보려고 한다. 어쩌면 한국 사람들에게는 관습처럼 당연시되는 것들을 외부인인 나의 시선이 이질적인 뭔가로 받아들였을 수도 있다. 따라서 이런 불협화음들을 추적하다 보면 이 모든 불행의 원인을 발견할 수 있지 않을까 하는 바람이다.

2장

지금 당신은

행복한가요?

노오오오력

피나는 노력을 죽을 때까지 해야만 간신히 먹고살 수 있는 현실에 대해선 아무도 이야기하지 않았다. 짐작하건대 기성세대도 분명 오늘날의 자랑스러운 대한민국을 만들기까지 많은 노력을 했을 것이다. 그리고 자신들의 경험을 바탕으로 기성세대는 높은 학업 성취가 좋은 직장으로 이어지고, 이는 결국 원만한 결혼 생활과 여유로운 삶을 영위하게 한다는 개인의 성공 방정식을 만들어 냈으리라. 그리고 이런 방정식은 한국 사회 전반에 널리 뿌리를 내렸다. 그로 인해 학원 산업은 지금껏 한국에서 강력한 사회·경제적 기반을 갖추게 되었고, 개인의 성공을 돕고 있는 듯 보인다. 문제는 언젠가부터 젊은 이들이 이러한 성공 방정식의 유효 기간이 한참 지났음을 자각하고 있으며, 그 수도 점점 많아지고 있다는 사실이다.

한국을 지옥으로 지칭하는 헬조선, 삶의 대부분을 포기해야 하는 N포 세대, 저축을 포기하고 현재의 소비를 즐기는 욜로족과 같은 신조어들이 난무하는 현실은 기성세대가 약속했던 것과는 정반대의 현실이 젊은 세대를 기다리고 있음을 반증한다. 과거의 방정식이 더 이상 유효하지 않다면 새로운 성공 방법을 찾아 나설 수밖에 없다. 그들은 주식과 코인에 투자하고 사업을 시작하며 유튜버나 SNS의 인플루언서를 꿈꾸기도 한다. 하지만 이런 새로운 길도 불안정하기는 마찬가지다. 그러다 보니 내 주변에는 정신과를 찾는 이들이 점점 늘고 있다. 한국에서 정신과를 다닌다는 것은 여전히 드러내 놓고 말할 수 없는 일인데도 말이다.

꿈이 뭐야?

"꿈이 뭐예요?" 한국에 온 이후 자주 듣는 질문 중 하나다. "꿈이 뭐예요?" 처음 들었을 때는 살짝 당황스러웠다. 한국어가 서툴러서도, 대답하기가 부끄러워서도 아니었다. 난생처음 듣는 질문이었고 이제껏 한 번도 생각해 본 적 없는 주제였기 때문이다.

세계 평화?

기근 없는 세상?

군이 답해야 한다면 이 정도가 될 것이다. 너무나도 사적인 질문을 "밥 먹었어?"처럼 스스럼없이 자주 건넨다는 사실이 놀라웠다.

그 질문이 의미하는 바는, 내가 어떤 삶의 목표를 갖고 있는지다. '좋은 대학에 가는 게 꿈', '대기업에 입사하는 게 꿈', '행복한 결혼이 꿈', '서울에서 아파트를 한 채 갖는 게 꿈', '성공하는 게 꿈'인 것이다.

이런 꿈이 없다는 건 사회적으로 용납할 수 없는 일처럼 보인다. 이를테면 성실하지 않거나 나태하거나 의욕이 없고 뭔가 부족한 삶을 살고 있음을 의미한다. 성공 방정식을 따라가는 과정에서 행여 지치거나 포기할까 봐 '꿈'이라는 애매모호한 단어를 통해 끊임없이 동기 부여를 하고 있는 듯 보인다. 동시에 이런 강압적 동기 부여는 대부분의 꿈들을 실현할 수 없다는 사실을 깨닫게 된 오늘날의 많은 젊은이들에게 허탈감과 좌절감을 안겨 주고 있으며, 급기야 행복을 갉아먹는 원인으로 작용한다.

대학교에 다니던 중 어느 날 갑자기 한 친구가 선포했다. "나 공무원 준비할 거야!" 우리는 모두 어리둥절했다. 지난 몇 년간 그는 공무원 진로에 대해 단 한 번도 언급한 적이 없었기 때문이다. 갑자기 공무원이라니, (특정 직업에 대한 개인적 편견이겠지만) 놀기를 좋아하고 활동적인 그의 성격과도 거리가 멀어 보였다. 졸업 후 얼마 지나지 않아 그는 신림동 고시촌에 들어갔고 우리 삶에서 완전히 멀어졌다. 일 년 만에 신림동으로 그 친구를 방문했을 때 우리에게 허락된 시간은 고작 삼십 분이었다. 그 뒤로 그 친구를 다시 볼 수 없었지만, 다년간의 고시원 생활 이후 '꿈'을 접었다고 들었다. 사실 그는 국내 유명 대학교에 큰 어려움 없이 입학할 정도로 똑똑한 친구였다. 그 친구의 능력과 노력이면 충분할 줄 알았다. 꿈을 이루려면 구체적인 계획, 적합한 실력, 피나는 노력 외에 뭐가 더 필요할까? 운?

가만 들여다보면 공무원이 된다는 건 정말 꿈같은 얘기긴 하다. 인사혁신처와 한국경영자총협회가 발표한 보고서에 따르면 9급 공무원 합격률은 대략 3퍼센트, 대기업 취업률도 약 3퍼센트 정도다. 이런 냉혹한 현실에서 꿈은 악몽으로 끝날 확률이 높다. '꿈'을 이루는 데 드는 비용, 시간, 심리적·육체적 건강 관리, 사회관계 단절 등과 같은 기회비용을 고려하면 차라리 아르바이트 임금으로 로또를 사는 쪽이 더 현실적인 대안으로 느껴질 정도다. 한국에 살면서 비슷한 사례를 수없이 들었다. 그들 중에는 꿈을 이룬 친구들도 있지만 대부분 여전히 '노오오력' 중이다.

이런 '꿈'에 가까운 직업은 비단 공무원에만 국한되지 않는다. 연봉이 중소기업의 두 배에 달하는 대기업에 입사하는 것 또한 만만치 않다. 대기업이 국내 경제 규모에서 차지하는 비중은 크지만 노동 시장에서 차지하는 부분은 점점 줄어들고 있다. 그도 그럴 것이 한국 제조업계에서의 로봇 사용률은 세계 1위다. 거기에 해외 생산 기지 이전 및 확장까지 더하면 국내 일자리가 줄어드는 상황은 어쩌면 필연적인 결과다. 그리고 대기업은 비용 절감을 위해 끊임없이 하청에 하청을 주고, 파견직과 정규직이 한 공간에서 일하는 환경은 더 이상 낯설지 않다. 상황이 이렇다 보니 안정적이고 여유로운 삶이 가능한 직업을 구하는 것 자체가 '꿈'이다.

예술가, 소설가, 프리랜서처럼 다소 안정적이지 않은 직업은 철없는 소리쯤으로 치부된다. 육체노동과 관련된 직업은 사회적으로 비선호 직종이다.

한국 사회는 "인간은 타인의 욕망을 욕망한다."라는 자크 라캉의 주장이 문자 그대로 적용되는 사회다. 이상하게도 모두가 같거나 비슷한 목표를 추구하니 말이다. 누구나 일명 '사'자 달린 직업(의사, 검사, 판사, 변호사 등)이나 공무원, 대기업 직원이 되기를 희망한다.

　삶의 목표는 선천적으로 타고난 본인만의 자질을 발견하고 배움을 통해 이를 구체화시켜 직업 세계에서 실현함으로써 이룰 수 있는 것이어야 한다. 대부분의 한국인들이 이런 제한적 범주의 직종에 종사하도록 타고난 것은 아닐 텐데……

　모두가 유사한 목표를 향해 돌진하다 보니 무한 경쟁을 피할 수 없고 소수만이 성공을, 다수는 실패를 경험해야만 한다. 이토록 천편일률적이고 허무맹랑한 목표를 '꿈'이라는 허망한 수식어로 포장하는 것은 아무리 봐도 이상하기만 하다.

　내가 생각하는 꿈이란 실현 불가능하고 추상적인 무언가를 희망하는 것이다. 하지만 한국 사회에서 꿈은 삶의 구체적인 목표를 의미한다. 그리고 그 목표는 본인의 타고난 성격이나 자질과는 별개다. 그것이 얼마나 타인에게 그럴듯해 보이는지, 얼마나 경제적 성공을 보장하는지와 밀접히 관련되어 있다.

나는 꿈을 꾼다는 것이 개인의 희망과 바람 그리고 행복과 직결된다고 생각했다. 꿈은 추구하는 과정 자체로 그 사람을 행복하게 해 주는 것인 줄 알았다. 하지만 한국 사회에서 '꿈'은 개인을 구속하고 끊임없이 채찍질하게 하는 수단이다.

스펙 쌓고 있어?

크리스마스이브였다. 대학교 친구가 전화로 구청에서 진행하는 선물 나누기 봉사 활동에 참여하지 않겠느냐고 물었다. 좋은 경험이 될 듯해서 우리는 구청에 방문했다. 우리 모두는 구청에서 제공하는 산타 의상을 입고 저소득층 가정을 방문해서 선물 꾸러미를 건넸다. 작은 시간과 노력이지만 사회적 약자를 도울 수 있다는 생각에 보람을 느꼈다. 무슨 영문인지는 몰라도 선물 꾸러미를 건넬 때마다 처음 만난 선물 수령인들과 매번 인증숏을 찍어야 했다. 나눔 행사를 마치고 집으로 가려고 하니 친구들이 극구 말렸다. 구청에 다시 가서 봉사 활동 인증서를 받아야 한다는 것 아닌가. 나중에 알고 보니 그 인증서는 스펙의 하나였다.

스펙은 '제품 사양서(specification)'의 줄임말이다. 처음에는 흥미롭다고 생각했다. 하지만 점점 이 단어가 슬프게 느껴졌다. 인간이 시장에서 거래되는 제품처럼 스펙의 높낮이에 따라 고급품과 싸구려로 구분되는 것이 당연하게 여겨지는 세상이다. 이런 단어를 아무런 거부감 없이 아주 자연스럽게 사용하는 현실은 얼마나 슬픈가.

'태교'라는 단어도 슬프다. 일부 사람들의 스펙 쌓기는 사실 배 속에서부터 시작된다고 할 수 있다. 영어 유치원, 국영수 학원, 예체능 학원, 논술 학원, 과외 등 대학교 입학 전에 쌓아야 할 스펙만 해도 너무 많다.

취업하려면 고등학교 졸업장만으로는 충분하지 않다. 대학교 졸업장 역시 마찬가지다. 대학원도 부족하다. 고득점의 영어 점수가 있어도 마땅찮고, 스페인어와 영어가 유창한 내 친구가 백수인 걸 보면 제2외국어로도 충분하지 않다. 전공 관련 자격증, 인턴십, 대외 활동, 공모전 수상, 토익 점수, 해외 어학연수 등 스펙의 종류는 끝이 없다. 그리고 취업 면접을 잘 보기 위한 학원도 있다. 나아가 최근에는 면접 과정에서 AI를 도입하는 회사들이 늘면서 면접자들의 무의식적 행동까지 면접 점수에 포함시키고 있다. 이렇다 보니 AI면접관에게 높은 점수를 받도록 돕는 학원도 성행하고 있다.

이 모든 조건들을 갖추고 결국 꿈에 그리던 대기업에 입사해서도 스펙 쌓기는 계속된다. 직장 생활을 하는 내 친구들은 퇴근하고도, 주말에도 시험을 준비하느라 학원에 다닌다. 회사가 원하는 자격증을 수료하면 승진과 높은 연봉이 보장된다고 한다. 그리고 이 자격증은 이직할 때 연봉 협상에서 가점 요소로 작용할 것이다. 스펙은 단지 커리어의 영역에서 끝나지 않는다.

연애와 결혼을 위해서도 스펙이 필요하다. 외모, 학력, 직업, 연봉, 거주 지역, 부모 재산에서 좋은 점수를 받으면 데이팅과 결혼 확률도 높아진다.

극단적으로 이놈의 스펙은 이 사회를 살아가는 많은 이들이 죽을 때까지 벗어날 수 없는 족쇄처럼 보인다.

스펙은 각자의 능력을 수치화해서 객관적으로 평가하는 기준이 된다. 문제는 기회의 문이 좁아지고 무한 경쟁이 가속화하면서 스펙의 인플레만 증가하고 있다는 사실이다. 스펙 관련 산업이 호황을 누리고, 개인의 숨통을 조이는 조건들만 늘어날 뿐이다. 많은 이들이 유사한 목표를 공유하고 비슷한 종류의 스펙 쌓기에 몰리다 보니 남보다 하나라도 더 많은 스펙을 쌓는 것이 중요하다. 그리고 경제 환경의 변화로 인한 구직 실패조차 끊임없이 개인의 문제, 노력의 부재로 몰아간다.

개인이 스펙 쌓기에 전념하는 이유는 그동안 줄곧 주입받아 온 '꿈'을 이루기 위한 여정이기 때문이다. 그 꿈을 이루기까지 좁아지는 취업 문, 무한 경쟁, 불확실한 미래를 마주하는 개인이 의지할 곳은 많지 않다. 불확실성에 대비하기 위해 뭐라도 해야 정서적 위안을 얻을 수 있다. 특히 어렸을 때부터 스펙 쌓기에 단련된 사람일수록 끊임없이 뭔가를 하지 않으면 불안감에 휩싸이게 될 터다.

학점이 경쟁자보다 0.1점 낮아서, 토익 만점이 아니라서, 해외 어학연수를 다녀오지 못해서, 내세울 만한 인턴십 경력이 없어서, 대외 활동을 못 해 봐서, 공모전 당선 경험이 없어서, 봉사 활동 점수가 부족해서 취직에 실패하는 것이 아니다. 노후 걱정 없고 안정적인 미래를 설계할 만한 조건을 제공하는 일자리가 수요보다 턱없이 부족한 탓이다.

한국 사회에서 꿈을 갖는다는 것, 그리고 꿈을 이룬다는 것은 안정적인 삶의 영위, 이른바 타인과 비교해서 자신의 삶에 얼마나 만족하는지와 직결된다. 그리고 자기 삶이 얼마나 많은 이의 부러움을 사는지와도 관련이 있다. 그러므로 꿈을 선언하기 전에 정말 생각해 봐야 할 점은 그 꿈이 본인의 꿈인지, 부모의 꿈인지 혹은 사회가 심어 준 꿈인지 되새겨 보는 과정이다. 그리고 스스로에게 한번 물어보자. 그 꿈이 나를 진정으로 행복하게 하는가?

누군가는 '꿈'을 추구하는 과정이 스펙 쌓기나 시험 준비 같은 고통의 연속일지라도 끝내 풍요로운 삶을 보장받을 수 있다면 그것으로 족하다고 하리라. 내 주변에는 이런 '꿈'을 이뤄서 대기업에 다니는 사람도 있고, 의사도 있으며, 5급 공무원도 있고, 수백억의 자산가가 된 이도 있다. 결혼을 꿈꾸던 친구가 높은 연봉을 받는 직업의 완벽한 배우자를 만나 좋은 집에서 사는 경우도 있다. 하지만 이렇게 다 이룬 이들도 여전히 본인의 삶에 만족하지 못한다고 끊임없이 나에게 토로한다.

나는 자기 발전을 위해 무한히 노력하고 '꿈'을 추구하는 사람들을 존경한다. 그리고 본인의 적성에 맞는 일을 열정적으로 해내는 사람에게서 감명을 받는다. 주변 환경의 영향으로 스펙 쌓기나 시험 준비에 열중하는 사람들의 이야기가 아니다. 현재는 미래와 바꿀 수 없으며, 그렇기에 우리는 각자

스스로 의미를 찾을 수 있는 순간을 살아야 할 의무가 있다.

종로에서 회사 생활을 하던 어느 날 목격한 참극은 아직도 기억에서 떨칠 수 없다. 수백 명의 회사원이 점심시간에 빌딩 밖을 나서던 찰나, 청계천 근처 도로에서 정장 차림의 젊은이가 지게차에 깔린 광경을 목격했다. 차마 눈 뜨고 볼 수 없을 정도로 참혹한 당시 상황이 떠올라서 며칠 동안 잠을 이룰수 없었다. 뉴스에서나 전해 듣던 사고를 실제로 눈앞에서 마주한 건 그때가 처음이었다.

그 누군가의 '꿈'은 미처 실현되기도 전에 그 순간 거기서 끝났을 것이다. 그 피해 당사자는 나나 나의 동료가 될 수도 있었다. 나는 바로 그때, 내가 지금 뭘 하고 있는지를 돌아볼 수 있었다. 그리고 어느 순간 죽음이 찾아와도 행복할 수있는 삶을 살아야겠다고 마음먹었다. 그날의 희생자를 애도하면서……

3장

억압과 저항의
의무

이상형은 누구예요?

한국에 처음 도착해서 이 주도 안 됐는데 만난 지 얼마 안 된 누군가의 결혼식에 초대받았다. 그때까지 내가 아는 결혼식은 친한 사람들만 초대받는 행사였기에 이렇게 빨리 누군가와 친해질 수 있다는 사실이 고마웠고 나름 '영광'으로 여겼다. 이처럼 중요한 행사에 외부인인 나를 초대하다니……. 한 달이 지나자 또 다른 결혼식에 초대받았다. 그리고 결혼식 초대는 끝없이 이어졌다.

이삼십 대를 한국에서 보내면서 나는 내 또래 주변 사람들의 주요 관심사가 연애와 결혼임을 알았다. 그리고 종종 연애를 시작하거나 시작하지 않는 것을 개인의 선택이 아닌 능력의 문제로 보는 것 같다고 생각했다. 연애를 하지 않는 사람은 자신에게 문제가 없음을 입증하기 위해서라도 빨리 연애를 시작해야 한다는 압박을 받는 듯 보였다. 그래서 그들은 미팅, 소개팅, 중매와 같은 온갖 장치들을 활용해서 어딘가에 있을 것만 같은 '이상형'을 부지런히 찾는다.

사실 이러한 사실을 깨우치기까지는 오래 걸리지 않았다. 한국에 온 지 얼마 되지 않았을 때 어학당에서 한국어를 배우는 첫 시간부터 데이트에 대한 압박이 시작됐다. 교과서의 한 챕터의 주제는 '연애'였다. 가령 그 내용이란 "어떤 남자(여자) 스타일을 좋아해요?"라는 문장이다. 이에 대한 답변은 "나는 단발머리가 좋아요.", "나는 키 큰 남자가 좋아요.", "나는 머리 작은 사람이 좋아요.", "나는 날씬한 여자를 좋아해요.", "나는 긴 생머리의 여자가 좋아요." 같은 것이다.

우리 반 학생은 중국이나 일본에서 온 젊은 여성들이 대부분이었다. 그들은 자신들의 이상형을 나열하는 데 막힘이 없었다. 동방신기, 빅뱅 같은 연예인들의 이름이 줄을 이었다. 평소에 선호하는 스타일이나 이상형이 따로 없었고 그런 질문을 받아 본 적도 없는 나는 말문이 막혔다.

물론 어학당에서의 언어 교육을 위한 일종의 상황극일 뿐이지만 나는 사실 불편했다. 우선 한국 사회에서 데이트는 선택이 아니라 모두가 마땅히 해야 하는 일처럼 느껴졌다. 그리고 누군가를 만나기 전부터 자신이 선호하는 타입을 알아야 하며 연예인 같은 비현실적 이상형을 나열할 수 있어야 했다. 당시엔 왜 이런 내용의 수업이 필요한지 좀체 이해하지 못했지만 나중에 보니 꽤 실용적인 커리큘럼임을 알 수 있었다. 한국에서는 좋아하는 타입에 관해 질문을 주고받는 일이 아주 비일비재하기 때문이었다.

한국 사회에서 이런 종류의 질문들은 별 의미 없는 가벼운 대화처럼 오간다. 특정한 목적이나 의도가 있는 것도 아니다. 사실 그래서 더욱 충격적이다. 현실에서 만나는 사람들은 어떤 타입이나 이상형과는 거리가 멀거나 무관한, 그야말로 평범한 사람들이다. 한국 사람들이 비교적 세련되고 맵시 있기는 하지만…… 이런 질문은 마치 이상형의 범주에 있는, 즉 날씬하거나 아름답거나 잘생긴 사람이어야만 연애를 할 수 있는 듯 느끼게 한다.

왜 여친 없어?

한국에서 이삼십 대를 보내면서 의아했던 점 중의 하나

는 싱글 상태를 바라보는 주변의 시선이었다. 싱글로 산다는 것은 정상적인 상태가 아니라 결여된 삶을 의미하는 듯했다. 나는 반 친구가 '모태 솔로'라며 주변의 조롱을 받던 때를 잊을 수 없다. 누군가는 그냥 웃어넘길 수도 있겠지만 사실 사회가 싱글을 바라보는 시선이 함축되어 있는 것 같아서 씁쓸한 마음이 든다.

상황이 이렇다 보니 일부 사람들은 싱글 상태를 외부에 드러내기조차 어려워한다. 그런 사람들은 레스토랑, 영화관, 놀이공원, 바, 클럽 같은 장소에 홀로 가기를 꺼린다. 1인 가구가 급격히 늘어난 요즘엔 혼밥, 혼술이 대세라고 하지만 여전히 솔로로 사는 삶은 쉽지 않다.

한번은 롯데월드에 아홉 명이서 놀러 간 적이 있다. 두 명씩 앉게 되는 롤러코스터를 탈 때 신기한 일이 벌어졌다. 누군가는 혼자 앉아야만 했고, 불행하게도 우리 일행 중 한 사람이 당첨됐다. 그는 롤러코스터에 혼자 앉기를 거부했다. 왜 타지 않는지 의아해서 묻자 "혼자 앉아 있는 모습을 다른 사람들에게 보일 수 없다."라고 했다. 그날 롯데월드에 방문한 사람들을 다시 만날 일이 없는데도 말이다.

싱글들에게 주말의 명소 방문이나 커플들을 위한 기념일은 특히 곤혹스러울 수 있다. 밸런타인데이나 크리스마스 같은 기념일에 편의점을 장식하는 '선물'들은 커플이 아닌 싱글임을 끊임없이 상기시켜 준다. 싱글은 굳이 의도하지 않아도 주변 분위기 탓에 모종의 허전함이나 패배를 맛본다.

싱글 상태는 이성애자에게도 괴로운 상황이지만, 만약 당신이 LGBTQ(성 소수자)라면 주변에서 가하는 연애에 대한 압박을 더욱 견디기 어려울 것이다. 이미 애인이 있으면서도 어쩔 수 없이 싱글인 척하거나 이성애 소개팅에 나가서 돈과 시간을 낭비하거나, 심지어 결혼까지 하게 되는 LGBTQ 친구들에 대한 이야기를 수도 없이 들었다. 불편한(그리고 불필요한) 소개팅 주선을 피하기 위해 커플링을 끼고 다니거나, 이성 친구와 로맨틱한 (위장용) 사진을 찍은 뒤 프로필 사진으로 저장하는 친구도 있다. 이것은 타인을 속이는 행동일 수 있지만, 동시에 주위 환경의 압박이 얼마나 심각한지를 보여 준다.

사랑하는 누군가와 함께할 수 있다는 것은 축복이다. 그렇다고 싱글 상태가 개인의 능력 부족이나 불행을 의미하지는 않는다. 누군가는 싱글 상태가 더 편할 수 있고, 또 누군가는 사랑하는 사람을 아직 만나지 못했을 뿐이다. 순전히 싱글 상태를 벗어나는 데에만 급급하다가 노력, 시간, 돈만 날리고 좋지 않은 결말을 맞는 사람들도 적잖이 봤다.

소개팅할래?

만약 당신이 현재 싱글이라면 주변에 소개팅 주선을 요청하거나 우연찮게 누군가를 소개받는 일이 생길 것이다. 일상을 나눌 수 있는 특별한 사람이 생긴다는 것은 물론 좋은 일이다. 혼자가 아니라 누군가와 함께함으로써 삶이 전보다 활기를 얻을 수도 있다.

우선 소개 전에 프로필 사진을 주고받는다. 내 친구는 상대의 프로필 사진과 실물의 차이가 너무 컸다며 불만을 토로했다. 실물과 거리가 먼 사진을 군이 교환하고 실제 소개팅 자리에서 부푼 기대를 허물며 실망을 키우는 이유가 뭔지 수수께끼다. 그러고는 최대한 아름답게 꾸미고 분위기 좋은 식당에서 밥을 먹는다. 한번은 무심코 식당에 들어갔는데 하필이면 소개팅하는 커플들이 많이 앉아 있는 광경을 보게 되었다. 신기하게도 여성들은 하나같이 벽을 뒤로하고 앉아 있었고, 남자들 역시 그 맞은편에 앉아 있었다. 처음 만난 여성을 배려하는 제스처인가? 분명히 나만 모르고 모두가 아는 데이팅 룰이 있는 것 같았다.

　보통 남자가 식사 자리를 계산하고, 여자는 그 이후 커피숍에서 계산을 한다. 헤어지고 난 뒤에 상대방이 마음에 들면 '애프터' 문자를 삼십 분이나 한 시간 안에 보내야 한다. 두세 번쯤 더 만나고 서로 간의 호감을 확인하면 "나랑 사귈래?" 같은 언어로 공식화한다.

　이런 소개팅 매뉴얼은 제법 편할 수도 있다. 물론, 소개팅이 처음이라면 불편하겠지만 몇 번 반복하다 보면 쉬이 습득할 수 있는 뻔한 과정이기 때문이다. 이런 천편일률적인 역할극에서 개인의 특성을 알 기회는 적을 수밖에 없다. 그냥 서로가 서로에 대해 기대하는 뻔한 역할만 수행할 것이기 때문이다.

　사실 만점짜리 역할을 수행한다고 해서 그 관계가 뜻대로 이어지지는 않는다. 하지만 그런 역할을 전혀 수행하지 않을 경우, 그 결말은 부정적일 가능성이 크다. 소개팅 과정이 일상에서 편하게 찍은 사진을 공유하고, 세수만 한 뒤 평상복을 입은 채 자주 가는 허름한 식당에서 아무 메뉴나 주문해 먹고, 동네 커피숍에서 커피를 같이 마시는 일이라면 많은 사람들은 오히려 끔찍하게 받아들일지도 모른다.

어쩌면 뻔한 소개팅 매뉴얼보다 이런 날것을 공유하는 것이 상대방을 더 잘 이해할 수 있는 방법이 아닐까.

나는 작위적인 매뉴얼이나 역할극 수행이 로맨스와 무슨 연관이 있는지 사실 잘 모르겠다. 누군가는 이런 작은 노력을 통해서 서로의 사랑을 확인할 수 있다고 하지만 글쎄, 사랑을 확인하는 것이 이렇게 어려운 일이라면 그 사랑이란 애초에 없는 것이 아닐까?

그렇게 시작된 연애는 매 단계마다 기대된 역할을 주고받으며 관계 발전을 확인한다. 커플티, 커플링, 데이트, 선물 교환, 기념일 챙기기 등의 과정에서 얼마나 기대된 역할을 잘 수행하는지가 중요하다. 이런 종류의 이벤트를 얼마나 잘 완수하는지 여부가 그(그녀)가 나를 얼마큼 사랑하는지와 연결되는 것처럼 말이다.

자기야, 사랑해

100일, 200일, 300일, 1000일……. 함께하는 하루하루가 소중하므로 이런 기념일을 축하하는 것은 어쩌면 당연한 일일지도 모른다. 기념일을 통해서 서로가 서로를 여전히 사랑하고 있음을 확인하고 그 과정에서 사랑이 더욱 돈독해질 수 있다고 믿는 듯하다. 심지어 기념일을 알려 주는 애플리케이션까지 있다.

기념일 챙기기는 한국 사회에서 커플이라면 마땅히 해야 하는 의무처럼 보인다. 그리고 연애 과정은 이런 기념일을 챙기는 데에만 한정되지 않는다. 남자는 남자대로 기대된 매너, '남성성'을 지켜야 하며 여자는 여자대로 가능한 한 귀엽거나 '여성스러운' 행동을 보여야 한다.

예컨대 남자는 상대 여성을 배려하는 의미로 다음의 행위들을 수행해야 한다.

함께 걸을 때 여성을 인도 쪽으로 걷게 할 것.
예약이나 예매, 데이트 코스를 미리 준비할 것.
계단을 오를 땐 남자가, 내려갈 땐 여자가 먼저 가게 할 것.
음식점의 문이나 자동차 문을 열어 줄 것.
식당이나 카페에서 안쪽 자리를 양보할 것.
— 한국경제TV, 2013년 04월 30일

그 외에도 커플룩이나 커플링을 교환하거나 시도 때도

없이 카톡을 주고받거나 영상 통화를 하거나 자유를 구속하고 또 받아야 한다. 관계가 깊어질수록 이성 친구들뿐만 아니라 여느 가까운 친구들과의 교류조차 줄이는 것이 요구된다. 그러한 노력이 상대가 자신을 얼마나 중요하게 생각하는지를 반영한다고 믿기 때문이다. 그리고 괜한 의심을 사거나 질투를 부를 만한 상황을 미연에 방지하기 위함이기도 하다. 오랜만에 만난 친구가 전화를 붙잡고 애인에게 누구와 어디에 왜 같이 있는지 조심스럽게 설명하는 모습을 한두 번 목격한 게 아니다. 그들은 마치 큰 죄를 지은 듯 행동했고 우리는 그때마다 대화를 중단해야 했다.

주변 사람들은 종종 내가 '신사의 나라' 영국에서 왔음을 상기시키지만 이 데이트 매뉴얼에 따르면 분명히 나는 매너와는 거리가 먼 사람이다. 왜냐하면 나에게는 이런 매뉴얼이 생소하기 때문이다.

이런 종류의 사랑은 여러 과목에서 일정 정도의 점수를 받고 졸업하는 교육 과정과 크게 다르지 않아 보인다.

결혼한 친구들의 대화를 들어 보면 몇 가지 흥미로운 사실이 발견된다. 둘 다 북한에서 태어났지만 삶의 반 이상을 한국에서 살았고, 어쩌다 보니 서울 한복판에서 만나 혼인을 하고 귀여운 아기를 키우는 커플이다. 그들의 대화를 여기에 옮겨 보면 다음과 같다.

여자: 당신은 왜 남한 남자들처럼 로맨틱하지 않아?
　　　(그녀는 북한에서부터 드라마 「천국의 계단」을 즐겨 봤다.)
남자: 내가 아는 남한 남자들 중에 네가 이야기하는 그런 사람은 없던데?
여자: 내가 예전에 만난 남자는 잘해 주던데…….

내가 아는 그는 사랑하는 여자를 위해 데이팅 매뉴얼을, 만점 정도는 아니지만 나름대로 최선을 다해서 수행하는 사람이다. 그럼에도 그의 노력이 상대의 기준에 도달하기란 애초에 불가능해 보인다. 그녀의 푸념은 "내가 어쩌다 이런 남자랑 결혼했는지……."로 끝나기 일쑤다. (그리고 반대의 경우도 얼마든지 가능하다.)

이는 가벼운 이야기지만 사회 문화적 환경이 어떻게 개인의 기대치를 형성하게 하는지를 엿볼 수 있다. 나는 이 친구들이 서로를 사랑한다는 사실을 의심해 본 적이 없다. 그들은 각자의 개성에 맞춰 자기만의 방식으로 사랑을 주고받는 것

우리가 보지 못한 대한민국

뿐이다. 그냥 그 방식이 드라마 속 주인공들의 사랑이나 한국 사회의 데이팅 매뉴얼과 다를 따름이다.

연봉을 입력해 주세요

소개팅 외에도 데이트를 시작할 수 있는 방법은 여러 가지다. 유명한 결혼 정보 회사들과 데이팅 앱들이 고객들의 욕구를 파악하고 거기에 부합하고자 노력하고 있다. 이런 중매 채널들은 가능한 한 개개인을 세분화해서 등급을 매기는 데 골몰한다. 그래야만 까다로운 고객들의 욕구를 맞출 수 있기 때문이다. 개인의 객관적인 데이터를 얼마나 많이 수집하고 잘 분류해서 보여 주는지가 매칭의 성공 여부를 좌우한다.

프로필 사진은 기본이고 과거 결혼 여부, 혈액형, 나이, 키, 연봉, 부모 재산, 학벌, 거주지, 직업, 종교, 심지어 개인 차량의 브랜드까지, 드러낼 수 있는 거의 모든 사항을 입력해야 한다. 이 정보를 기초로 개인은 여러 등급으로 나뉘며 특정 데이팅 앱의 경우엔 회원 가입 기준으로 활용하기도 한다. 일정 등급 미만이라면 회원 가입조차 불가능할 때도 있다.

이렇게 자발적인 정보 제공을 마치고, 상대가 원하는 스펙과 내가 원하는 스펙이 일치하면 매칭이 성사된다.

얼핏 보면 이렇듯 다양한 매칭 수단과 세분화된 데이팅 상대 덕분에 결혼 성사 비율도 높을 것 같지만 실상은 그 반대다. 매해 혼인율은 사상 최저를 갱신하고 있으니 말이다. 사십 대 초반인 한 지인의 카카오톡 고등학교 동창 대화방에는 스무 명 정도 모여 있는데 혼인 비율은 반도 안 된다. 예전 직장 상황을 보노라면 동료 대부분이 삼십 대 중반의 싱글 여성들로 넘쳐 났다.

어쩌면 어학당에서 배운 단어인 '이상형'은 매칭 성사 과정에서 요구하는 조건들에 비하면 아무것도 아닐 수 있다. 그리고 사회적 신분 유지나 상승의 수단으로써 결혼을 바라본다면 현재의 저조한 혼인율은 충분히 설명 가능하다. 모두가 이상형을 추구하는 현실에서 그 이상형의 조건에 부합하는 대상은 극소수일 테니 말이다. 현실의 여성과 현실의 남성은 이상적 조건에 한참 모자라는 경우가 대다수이고, 짐작하건대 이것이 매칭 성사가 잘 안 되는 이유이리라.

그래서 결혼은?

사실 결혼 관련 질문은 외국인인 나 역시 비껴가기가 어렵다. 한국에서 살게 된 이후로 내가 가장 많이 듣는 질문 중 하나다. 지금은 프리랜서지만 회사에서 일할 때는 정말 지겹

도록 같은 질문을 받았다. 상사, 동료들, 무려 고객들까지 결혼에 관한 이야기를 꺼냈다. 친구네 집에 놀러 가면 친구 부모님이, 택시를 타면 기사님이 같은 얘기를 물었다. "언제 결혼할 거야?" 글쎄, 그걸 내가 어떻게 아나. 그리고 결혼을 꼭 해야 하나.

한국에 오기 전, 나는 세 번의 결혼식에 참석했다. 이모, 사촌 그리고 대학에서 만난 절친. 모두 나와 가까운 사람들의 결혼식이었다. 하지만 한국에서의 상황은 조금 달랐다. 2011년, (앞서 언급했듯이) 한국에 도착한 지 몇 달 지나지 않았을 때 덜컥 결혼식에 초대받았다. 만난 지 얼마 되지 않은 누군가의 결혼식에 초대된다는 건 무척 영광스러운 일이었다. 한국 사회에 받아들여진 기분이랄까, 더 이상 이방인이 아닌 느낌이었다. 결혼식에 입고 갈 양복이 없어서 흔쾌히 한 벌 구입했다. 학생 신분으로 주머니 사정이 넉넉하지 않았지만 말이다. 결혼식은 그만큼의 가치가 있고 특별한 행사니까.

결혼식장에 도착했을 때, 그곳엔 이미 수백 명의 인파가 북적이고 있었다. 하나의 연회장에서 결혼식이 진행되는데, 맞은편 연회장에서도 다른 결혼식이 한창이었다. 난 어디로 가야 하지? 축의금을 넣은 봉투를 신랑 측에 건넸다. 신랑 측 사람들은 가까운 지인들이 누가, 얼마나 축의금을 냈는지 열심히 확인 중이었다. 그날 하루 동안 결혼식을 즐기고 축하를 나눌 줄 알았지만 그것 또한 착각이었다. 본격적인 예식은 시작하자마자 삼십 분 만에 끝나 버렸다. 이건 하나의 퍼포먼스였다. 결혼식이 끝나기 무섭게 같은 방에서 다음 커플의 결혼식이 시작됐다. 이게 만약 결혼식 제조 공장이라면, 효율성 하나만큼은 정말 끝내줬다.

　몇 달 뒤 비슷한 결혼식에 초대받았다. 얼마 지나지 않아서 또 다른 결혼식들이 계속 이어졌다. 2011년 이후 매년 봄마다 거의 매주 결혼식에 가야 했다. 나의 소중한 돈과 시간을 투자하면서. 대부분의 신랑과 신부는 내가 거기 있든 말든 별로 상관하지 않는 듯 보였다. 하객 아르바이트까지 있다고 하니, 사실 누가 있든 중요하지 않아 보인다. 차라리 화려한 결혼식에 걸맞은 하객 숫자가 중요한 듯하다. 그리고 축의금도 중요해 보인다. 축의금을 내지 않는다는 건 그 친구와의 관계에 심각한 변화가 생길 수도 있음을 의미했다. "꼭 참석하지 않아도 돼. 그냥 축의금만 카톡으로 보내." 진짜?

　시간이 지날수록 결혼식에 참석할 때마다 느꼈던 불편한 (어쩌면 불쾌한) 감정과 그 이유가 분명해졌다. 이런 종류의 예식이 결혼의 진정성을 얼마나 잘 담아낼 수 있을까? 이러한 방식으로 이뤄진 모든 결혼의 진정성이 의심된다고 한다면 분명 과장이다. 하지만 그중 얼마나 많은 커플이 진정으로 서로를 사랑해서 결혼하는지 의문스러운 것 또한 간과할 수 없다.

결혼식은 그렇다 치고, 서로 만난 지 일 년도 안 되어 결혼하는 사람들 역시 많이 봤고 극단적으로 이삼 개월 사귄 후 바로 결혼하는 경우도 있었다. 물론 사귄 기간이 사랑의 깊이를 의미하지는 않는다. 어딘가에는 첫눈에 반하는 사랑도 존재할 터다. 그럼에도 그동안 참석했던 여러 결혼식에서 불현 듯 떠오르는 '저들은 정말 서로를 사랑해서 결혼하는 걸까?'라는 의혹을 결국 억누를 수 없었다. 혹시 결혼을 위한 결혼은 아니었을까?

내 '여사친'은 이른바 '백마 탄 왕자'와 결혼했다. 그는 잘 생기고 근육질에, 집안 배경까지 좋았다. 외제 차에 비싼 동네 아파트에서 살았고 대기업에 다녔다. 결혼식은 초호화 호텔에서 화려하게 치러졌고 나와 모두가 부러워하는 완벽한 커플이 되었다. 이 년 뒤 그들은 성격 차이를 이유로 이혼했다. 물론 너무 안타까운 일이다. 그러나 그녀 말고도 이혼은 내 주변 사람들 사이에서 흔한 일이 되었다. 아직 이혼까지는 아니더라도 결혼 이후에 불행한 처지를 호소하는 사람들은 더욱 많다.

그동안 어쩔 수 없이 참석해서 투자한 시간과 돈이 아까울 정도의 결혼식들이 많았다. 서로가 서로에 대해 잘 알지도 못하며, 내가 보기에 서로 사랑하는지조차 불분명하고, 그냥 결혼을 위한 결혼일 뿐이라면 그 결혼식은 한마디로 사기다. 그런 공공연한 사기에 내가 참여했다는 사실에 화가 나서 다시는 그런 이벤트에 가지 않기로 결심했다.

얼마 만나지 않은 상대와 결혼을 선언한 친구에게 무례를 무릅쓰고 물었다. "그녀를 사랑해?" 그는 대답하지 못했다.

나는 결혼한 적도 없고, 해당 주제의 전문가도 아니지만 미루어 짐작할 수 있다. 서로 모르는 사람이 만나서 삶을 함께하는 과정이 순탄하지만은 않을 것이다. 그 과정의 생소함과 어려움은 아마 상상 이상이리라. 상대는 연거푸 미처 몰랐거나 예상하지 못했던 부정적인 부분들을 드러내 보일 터다. 사랑하는 만큼 미움도 클 것이며 사랑하는 만큼 용서의 범위도 넓을 것이다. 그래서 더욱 간단하지 않다. 요컨대 사랑은 결혼의 전제 조건이므로 그런 사람을 만나기란 결코 쉬운 일이 아니다.

결혼 적령기에 들어섰다는 이유로, 결혼 상대가 조건이 좋다는 이유로, 결혼식이 화려하다는 이유로, 주변 사람들과 사회가 요구한다는 이유로, 결혼을 위한 결혼을 해야 할까? 결혼은 삶의 최종 목적지도, 무조건 선택해야 하는 의무도 아니다. 그것은 행복의 열쇠도 아니며 성취의 상징도 아니다. 결혼은 개인의 성숙도를 지속적으로 시험하는 장일 뿐이다.

나는 결혼을 반대하지 않는다. 단지 '결혼을 위한 결혼'에 참여하는 것이 불편할 뿐이다.

징자애리라는

지앙

SJN, BSJN, ISN, BJN, CJN, GJN, DRN

　대학원을 다닐 때 주변 지인들은 절대 한국 회사에 취직하지 말라고 경고 아닌 경고를 했다. 하루 여덟 시간의 근무. 많은 이들도 견뎌 내는데 어려우면 얼마나 어렵겠는가. 그냥 겁주는 소리로 받아들였다. 부모님은 내가 학교를 졸업하고 영국으로 돌아오는 줄 알았지만 나는 이번에도 부모님의 기대와 다른 선택을 했다. 한국 회사에 취직해서 현실을 체험해 보는 일도 나쁘지 않을 것 같았다. 삼 년간의 회사 경험은 현실 체험 외에도 나에게 비만, 새치, 신경질적 성격을 남겼다.

　출근 첫날부터 나는 큰 실수를 저질렀다. 외국계 기업이다 보니 사내 커뮤니케이션은 영어로 진행되는 경우가 많았다. 나의 첫 업무 지시는 부장님의 영문 이메일로 전달됐고 나 역시 직급을 뺀 이름만 적어서 전체 팀원들을 참조한 뒤 답장을 보냈다. "Dear Hong-gil, thank you for……"처럼. 위계질서를 없애고 직원들 간의 수평적 관계를 추구하는 것이 최근의 기업 트렌드이다 보니 우리 회사도 이런 문화를 적극 수용하는 줄 알았다.

하지만 나의 예상과 달리 사내 메신저는 불이 나기 시작했다. 알고 보니 "Dear Hong-gil BJN"이 올바른 형식이었다. 지금까지 많은 영문 이메일을 주고받았지만 직급의 약자가 들어간 경우는 보지 못했다. 이렇게 나는 한국의 뿌리 깊은 위계질서를 출근 첫날부터 생생하게 경험하게 되었다.

SJN(사장님), BSJN(부사장님), ISN(이사님), BJN(부장님), CJN(차장님), GJN(과장님), DRN(대리님)…….

서열의 밑바닥에 있는 사원의 역할은 다음과 같다. 인간적 대우는 기대하지 말고, 아이디어나 의견 표명 역시 제한되니 입을 닫고 가만히 있어야 한다. 항상 긴장해야 하며 언제든 인사할 준비가 되어 있어야 하고 실천할 수 있는 최고의 행동을 보여 줘야 한다. 결정권이 없음은 물론, 자잘한 업무를 몽

땅 도맡아야 한다. 그런데 긍정적 성과는 상급자의 공이 되고, 부정적인 결과는 말단 사원의 탓이 된다.

지구상의 조직에는 어디든 서열이 존재한다. 업무의 성격에 따라 누군가는 중요한 결정을 내리고 그에 대한 책임을 져야 하기 때문이다. 하지만 내가 경험한 회사의 서열 문화는 이런 의사 결정 과정과는 거리가 멀어 보였다. 최종 결정은 상급자가 내리더라도 그 과정에서 직급의 고하를 벗어나 의견 표명만큼은 자유로워야 한다. 그래야 회사의 인적 자원을 효율적으로 활용할 수 있기 때문이다. 때로는 사원의 아이디어가 상급자의 아이디어보다 좋을 수 있으며, 조직의 입장에서는 최선을 가려내야 함에도 직급이 낮다는 이유로, 혹은 직급이 높다는 이유로 불합리한 선택을 하는 경우를 너무 많이 봤다.

우리 모두는 돈을 벌기 위해서 직장에 다니지만 그것이 다는 아니다. 우리는 업무 수행 과정에서 스스로의 역량을 보여 줄 수 있고, 그 결과에 대한 주변의 발전적인 피드백을 통해 일의 의미를 찾는다. 하지만 서열 문화가 절대적으로 작용하는 직장 환경은 개인의 업무 역량을 발휘할 기회를 제한하고 수동적으로 만들며, 자신에 대한 확신을 감소시킨다. 이는

우리가 보지 못한 대한민국

결과적으로 내가 왜 매일매일 출근하고 있는지에 대한 의문으로 이어진다.

이 같은 조직에서는 합리적 의사 결정 과정이 무시되거나 간과되고, 위계질서에 의한 하달식 지시 체계만 남는다. 개인의 생각이나 의견은 중요하지 않으며 생존을 위해서는 상급자의 의중이나 어떤 기분 상태인지를 살피는 것이 더 중요하다. 즉 눈치야말로 회사 생활의 아주 중요한 요소인 것이다.

눈치는 사원이나 인턴처럼 조직 내의 하급자에게 유독 강조되는 자질이다. 준비와 뒷정리는 기본이고 모든 종류의 잡무는 하급자 몫이다. 노동 계약에 의해 정당하게 주어진 점심시간, 퇴근 시간, 휴일도 마음대로 사용할 수 없으며 상급자의 눈치와 회사 분위기를 우선 살펴야 한다.

어느 날 인턴 사원이 들어왔다. 그는 인턴으로 근무하기에는 아까운 스펙을 갖추고 있었다. 외국 유명 대학교의 졸업장을 가지고 있었고 다른 유명한 회사의 인턴 경력도 있었으며, 서류상으로는 정말 완벽했다. 하지만 이력서와 다르게 그는 회사 환경과 보직에 어울리지 않는 친구였다. 특히 한국 회사에서 중요시하는 '눈치'가 없었다.

인턴 사원의 역할로 당연히 기대되는 행동들을 전혀 모르거나 생소하게 받아들였다. 예컨대 간식을 준비하고 뒷정리를 본인이 해야 한다는 사실을 몰랐으며, 회식 자리에서 고기를 굽거나 회사 선배들의 밑잔을 채워야 하는 역할에 대해 전혀 인지하지 못했다. 아마 눈치를 볼 필요가 없는 환경에서 살았거나 사회생활 경험이 적어서 그랬으리라. 그는 회사와 맞지 않았고 인턴 과정을 끝으로 정사원이 되지 못했다. 회사 생활에서 업무 성과와 눈치의 있고 없음은 구분되어야 하지만 현실은 그렇지 않다.

이거 급한 거야

금요일 오후 5시 55분, 친구에게서 온 카카오톡 메시지. "곧 도착! 불금이니까 맛있는 거 먹자!" 책상 정리는 일 분 만에 끝났다. 퇴근까지 사 분. 주어진 업무를 다 마치고 간만에 야근 없는 날을 보내는 줄 알았다. 그런데 갑자기 컴퓨터 화면의 오른쪽 맨 밑에서 이메일 팝업 창이 뜬다. "미안하지만 이거 오늘 밤까지 마무리해 주세요. 감사합니다."

잠깐만, 이거 농담이지? 막 사무실에서 나가려던 참인데? 지금까지 아무 말도 없다가? 여유로워 보였는데, 왜 갑자기 지금 이 순간에? 미리 알려 주면 무슨 큰일이라도 나는 건가? 친구가 밖에서 기다리고 있을 텐데, 뭐 어쩌라는 거지?

머릿속에서 하고 싶은 말들이 맴돌기만 한다. 혼란, 좌절, 분노가 밀려온다. 하지만 내가 할 수 있는 말이란…… 고작 "네, 알겠습니다."가 전부다. 친구에게는 "정말 미안해. 급한 일이 생겨서 오늘도 못 만날 것 같아."라는 메시지를 보내 놓았다. 놀랍지도 않다. 생각해 보면 직장 생활은 이런 비효율적인 '급한 일'의 연속이니까.

야근이 직장인의 의무이며 회사의 권리라도 되는 양, 업무 시간 외에도 당연히 일해야 하는 사람으로 취급받는 것. 물론 알아주는 이도, 야근 수당 따위도 없다. 그리고 상사는 누구보다 먼저 퇴근하면서 이 말을 남긴다. "왜 집에 안 가지?"

부디 오해하지 말기를. 나는 야근을 반대하지 않는다. 모든 회사 생활이 지옥 같다고 말하고 싶지도 않다. 우리에겐 중요한 프로젝트나 마감이 있으며, 사회생활을 하다 보면 예상치 못한 '급한 일'이 생길 수 있고, 그래서 때로는 초과 근무가 필요하다는 데 동의한다. 하지만 나의 회사 생활에서는 대부분의 업무가 '급한 일'의 범주에 들어갔다.

회사가 정시 퇴근과 휴일, 휴가를 보장해 주더라도 현실은 그렇게 단순하지 않다. 홍보 회사의 특성상 여러 기업을 고객사로 두고 있다 보니 많은 일들이 그들과의 커뮤니케이션을 통해 진행된다. 부지런한 고객사로부터 밤 12시에 요청이 들어오면 바로 처리해야 한다.

고객은 왕이니까…….

언젠가 휴가를 보내고자 런던으로 돌아갔을 때 나는 경악했다. 런던의 친구들은 '칼퇴'를 너무 당연하게 생각했기 때문이다. 세상에, 어떻게 5시까지 모든 일을 끝낼 수 있는 거지? 뭐야, 사람들이 제때 퇴근하더라도 나라가 망하는 건 아니구나! 정말 그랬다. 나의 친구들은 대부분 5시나 6시에 집에 가지만 영국의 경제는 괜찮아 보였다.

이런 '급한 일'은 시간과 장소를 가리지 않는다. 회사에서도 집에서도 주말에도 연휴에도 심지어 여행을 하는 동안에도 끊임없이 밀려든다.

노르웨이와 북극의 중간에 자리한 스발바르 제도를 보기 위해서 여행 몇 달 전에 휴가계를 제출했다. 아니나 다를까 스

우리가 보지 못한 대한민국

발바르 제도로 떠나기 딱 하루 전에 또 급한 일이 생겼다. 그리고 난 이런 상황에 휴가를 가는 이기적인 팀원이 되었다.

이기적인 줄 알면서도 난 휴가를 취소하지 않았다. 빙하와 황야로 둘러싸인 스발바르 제도, 영하 30도에 육박하는 추위였지만 직장 생활로 방전되어 버린 에너지가 다시 충전되는 느낌이었다. 문명과 동떨어진 외딴곳에서 대자연과 온전한 나만의 시간이 주는 경이로움을 느긋이 만끽하던 바로 그때, 카카오톡 메시지가 도착했다. "휴가 중인 건 알지만, 혹시 이런 것과 저런 것, 해 주실 수 있을까요?" 아…… 그 순간 정말 이 세상에서 사라져 버리고 싶었다.

상황이 이렇다 보니 입사해서 삼 년 동안 회사 생활과 개인 생활을 분리하기가 너무나 어려웠다. 나는 존재하지 않았고 오로지 '직원'만이 존재했으며, 시도 때도 없는 회사의 '급한' 요구는 항상 최우선으로 처리해야 했다. 적절한 단어를 찾아봤지만 회사의 '노예'였다는 말로밖에는 표현할 길이 없다.

사실 회사 업무는 나의 적성과 잘 맞았고 나는 일 자체를 즐기는 편이었다. 항상 새로운 프로젝트가 나를 기다렸고, 자기 역할을 할 수 있는 데다 기여하는 보람도 느낄 수 있었으므로 제법 만족스러웠다. 직무의 특성상 제일 먼저 출근해야 했고 업무량도 많았지만 큰 불만 없이 소화할 수 있었다. 그러나 나는 조직의 일개 구성원으로서 회사에 나의 전부를 다 바쳐야 하는 조건을 견딜 수 없었다.

좋은 데 가시죠!

쉬는 시간, 남자 동료들과의 흡연 모임에 참가하면 가벼운 대화들이 오간다. 종종 여자 동료들에 대한 이야기를 주고받기도 한다. 아마 모든 문화권에서 유사한 경우를 찾아볼 수 있겠지만 바람직한 내용이고 아니고를 떠나 특정 종류의 주장은 나를 불편하게 했다. 외모 평가는 기본이며 업무 역량은 성별과 전혀 상관이 없음에도 여성이라는 이유로 부정적 평가를 내리는 경우가 많았다.

상사가 저녁 겸 비즈니스 미팅을 제안했고, 우리는 클라이언트와 함께 삼겹살을 먹으러 갔다. 다들 나보다 직급이 높았고 나이도 많은 남자들이었다. 나는 고기를 굽고 술잔을 채우며 눈치껏 나의 역할을 수행했다. 그들은 허기를 달래기보다는 취하는 게 목적인 양 소주를 마셨고 나는 만취했다. (사원이 그런 자리에서 얼마나 많은 술을 받아 마셔야 하는지는 다들 알고 있으리라 믿는다.) 술자리가 끝나자 검은색 카니발 한 대가 와서 우리

일행 앞에 섰다. 어라? 이건 택시가 아닌데? "좋은 데 가자."
상사가 제안했다.

이쯤이면 아마 다들 어떻게 돌아가는지 모두가 짐작할
것이다. 하지만 이런 접대 자리가 처음이었던 나는 전혀 알지
못했다. 나는 내일 출근이 걱정이었고 집에 가고 싶었다. 하지
만 동시에 그 낯설고 기묘한 분위기를 깰 수 없었다. 사실 회
사 조직에서 내가 결정할 수 있는 부분은 많지 않았다.

그렇게 우리는 '목적지'에 도착했다. 선릉역 주변의 골목
이었던 것으로 기억한다. 어떤 여자가 우리를 반갑게 맞이하
더니 노래방과 비슷한 구조의 '룸'으로 안내했다. 이미 테이블
위엔 위스키와 과일이 준비돼 있었다. 그제야 여기가 말로만
듣던 룸살롱임을 알았다.

그다음의 이야기들은…… 영화에서 봤던 장면 그대로였
다. 그룹으로 들어온 여성들 중에서 한 명씩 고르는 시스템이
었다. 나를 제외하면 다들 유부남처럼 보였지만 굉장히 익숙
하고 흥겨워 보였다. 특히 상사는 외국인인 내게 '한국 문화'
를 알려 주고 있다는 사실을 즐기는 듯 보였다. 뭘 어떻게 해
야 하지? 분위기를 깨면 안 되겠지? 그냥 나와야 하나? 결론

부터 말하자면 잠자코 붙박여 있어야 했다. 그 상황을 편하게 즐기는 상사 그리고 중요한 고객사와 함께하는 일개 사원으로서, 안타깝게도 용기를 낼 수 없었다. 이 자리를 박차고 나가는 순간, 클라이언트를 잃고 해고될지도 모른다는 두려움에 사로잡혔다.

굉장히 낯설고 충격적인 경험이었지만, 더 당황스러웠던 것은 그날 이후로 함께했던 상사가 나를 더 친밀하게 대하기 시작했다는 점이다. 난 그 일을 계기로 '남자 무리'의 일원으로서 인정받게 되었다. 그리고 얼마 지나지 않아서 내 주변의 남성 친구들도 비슷한 일을 겪었음을 알게 됐다. 이건 단순히 몇몇 기업이나 일부 남성들만의 문제가 아니라 한국 사회 전체의 이야기였다. 나의 여성 친구들 역시 남편들이 성매매 업소에 다녀왔음을 알아챘을 때 어쩔 수 없이 눈감아 줘야 했다고 털어놨다. 이유는? 예상하는 대로다. 비즈니스이기 때문이다.

퇴사하고 싶다

주변 사람들은 직장을 그만두고 싶다고 입버릇처럼 이야기한다. 본인들의 현재 직업에 열정을 가지고 투신하는 사람은 많지 않을 것이다. 안정적인 수입과 미래의 계획 그리고 가족을 위해서 꾸역꾸역 버텨 내는 사람들이 오히려 많을 터다. 한국 사회에서 퇴사에 대한 욕구가 강하게 분출하는 까닭은 '일'이 업무와 무관한 요소들로 가득 차 있기 때문이다. 효율적인 업무 수행이 불가능하고 갑질로 점철된 데다 눈치는 생존의 근본적인 룰이 되어 버린 직장 문화는 결과적으로 개인의 에너지를 번아웃시키는 요소다.

아무래도 회사는 직원들이 책상을 오래 지키고 있을수록 생산성이 높아진다고 생각하는 것 같다. 하지만 실상은 정확히 그 반대다. 일을 오래 할수록, 특히 무의미한 일을 오래 할수록 우리는 피곤해지고, 자연히 실수가 잦아지며 살이 찌고, 병들어 간다. 이른바 '번아웃 증후군'에 도달하고 마는 것이다. 사생활이 없는 삶에 익숙해지면서 일이 곧 삶이라고 느낀다. 그리고 우리는 그런 상황에 길들여진다.

하루는 새벽 3시에 나는 또 다른 '급한 일'을 처리하기 위해 사무실에 앉아 있었다. 급한 프로젝트를 진행하느라 영국 지사와 커뮤니케이션을 하고 있었다. 영국 시간으로 오후 6시가 되자 그쪽 직원은 돌연 나의 업무 요청을 끊으면서 얘기했다. "나 퇴근. 요가 레슨 가야 해." 새벽 3시, 불 꺼진 사무실에서 빨갛게 충혈된 눈으로 겨우 모니터를 쳐다보는 나에게 지금 뭐라고? 나는 그 순간 억장이 무너지고 화가 치밀었지만 이미 탈진한 상태였다.

개인의 삶과 직장의 삶에 경계가 없다면 일하는 목적 자체를 상실하게 된다. 도대체 나는 무엇을 위해 일하는 걸까? 아무리 보람찬 일이라도 만약 우리가 일 때문에 사무실 밖에서 좋아하는 사람들과 함께 시간을 보내고, 지금 내가 하고 있는 일이 얼마나 의미 있는지 주변 사람들과 나눌 수 없다면, 결국 일은 가치를 잃는다. 어쩌면 한국의 많은 이들이 결혼을 위한 결혼을 하는 이유는 일 외에 사랑이나 데이트에 쏟을 시간이나 에너지가 부족하기 때문인지도 모른다. '82년생 김지영'의 남편처럼 결혼 생활의 만족도를 떨어뜨리는 데에는 이런 직장 문화가 한몫한다.

그래서 나는 퇴사했다.

5장

한국 여성은

왜 타협하나

팩트 만들기, 축소하기, 부풀리기

홍보 회사를 다니다 보니 미디어는 나에게 아주 익숙한 환경이 되었다. 홍보 회사의 역할은 고객사의 이미지를 잘 관리하는 것이었고 이는 자연스럽게 미디어 노출 환경을 얼마나 잘 관리하는가에 달려 있다. 홍보 회사의 주 업무는 고객사 위기 관리, 외신 및 국내 미디어의 고객사 관련 기사 모니터링, 정정 보도 요청, 보도 자료 작성 및 배포, 특정 미디어의 영향력 평가, 미디어 커버리지 결과 분석, 미디어 관계 관리 등이다. 그러니 어쩔 수 없이 '미디어 생태계'를 아주 가까이에서 관찰할 수밖에 없었고 한국 미디어만의 특징도 발견할 수 있었다.

결론부터 이야기하면 한국의 미디어 현실은 참담하다. 그리고 별다른 대안이 없는 미디어 환경에 그대로 노출되어 있는 한국의 독자들이 무척 안타깝다.

한번은 외국 고객사의 요청으로 한국에서 기자 회견을 연 적이 있었다. 한 유명 매체의 기자가 그 회사 임원에게 한국 투자 계획을 물었고 그는 정확히 이렇게 대답했다. "음. 두고 봐야죠. 이상적으로는 꽤 많은 액수를 투자하고 싶지만⋯⋯." 하지만 다음 날 그 기자가 소속된 신문사의 기사 제목은 '○○회사, 한국에 ○○원 투자하겠다'로 나왔다. 나는 기자 회견의 결과를 그 임원에게 전달했고 그는 돌아가는 비행기 안에서 미친 듯이 화를 냈다. "내가 언제 그렇게 말했습니까? 나는 정확한 금액을 제시한 적이 없어요!" 그리고 해당 기사 여기저기에 들어간 인용 문구도 전부 창작된 것들이었다.

이런 일이 그동안 너무 비일비재하다 보니 나름대로 타협점을 찾는 데에 익숙했다. 그래서 나는 해당 임원에게 한국 미디어의 현실을 설명했다. (언급한 적 없는) 정확한 금액이 제목에 실린 점은 유감이나 한국에서는 이런 일이 다반사고, 기사 내용 자체는 당신네 회사에 긍정적이니 그냥 넘어갈 수 없겠느냐고. 고객사-홍보사-미디어는 공생 관계이다 보니 좋은 게 좋은 거라고 받아들이는 경우가 많다. 그 임원은 상황이야 이해하지만 원칙은 양보할 수 없으며, 자기가 그런 얘기를 한 적 없으니, 해당 기사를 수정해 달라고 완강하게 요구했다.

그래서 어쩔 수 없이 나는 해당 기자에게 연락해서 기사 수정을 요청했다. 제목뿐만 아니라 기사 내용에 들어간 인용 문구들이 사실이 아님을 얘기했고 수정을 요청하자 그 기자는 이해할 수 없다는 반응을 보였다. 바쁜 기자가 시간을 쪼개 기자 회견에 참석해서 기사를 쓰고, (사실 여부와 관계없이) 내용 역시 긍정적인 데다 온오프라인에 게재까지 해 줬는데…… 도대체 뭐가 불만인 거지?

문제는 여기서 끝나지 않았다. 해외 매체에서 그 기사를 번역 게재했고, 나는 그 기자를 추적해서 또 수정을 요청해야 했다. 결국 해당 기사는 임원의 요청대로 수정되었고 내용은 한 페이지에서 반 페이지로 줄어들었다. 그럼에도 불구하고 오프라인 신문에 인쇄되어 나간 내용은 수정이 불가능했다.

소설의 냄새가 난다

○○ 씨에 따르면, 전문가에 따르면, 업계에 따르면, 소식통에 따르면(심지어 SNS, 온라인 커뮤니티에 따르면), 관계자에 따르

면…… 등은 한국 미디어에서 아주 흔하게 볼 수 있는 표현이다. 왜 미디어는 당사자의 이름을 밝히지 않고 이런 모호한 표현을 자주 빌리는 것일까. 외국의 정론지가 정보의 출처를 익명으로 하는 경우는 드물다. 해당 콘텐츠 및 매체의 신뢰도와 직결되기 때문이다. 그렇기에 독자들로부터 높은 신뢰를 받는 매체일수록 익명의 주장을 남용, 남발하지 않는다. 단 아주 예외적인 경우에만 익명의 제보나 주장이 실린다. 제보자의 실명이 거론될 경우, 제보자에게 직접적인 보복이나 신변의 위협이 예상될 때다.

하지만 한국에서는 거의 모든 출처가 익명으로 처리된다. 예컨대 어떤 회사의 신제품 출시 관련 기사를 읽는다고 했을 때 '회사 관계자에 따르면'이라는 문구만 등장한다. 도대체 회사 관계자의 이름은 왜 밝히지 않는 걸까? 그냥 그동안 쭉 그렇게 해 왔고 미디어 전반의 룰로 자리 잡은 듯하다. 이처럼 익명의 주장이 난무하다 보니 기사의 출처가 아예 가공되지 않았나 하는 의심을 떨칠 수 없다. 당연히 기사 자체를 신뢰할 수 없고, 그런 기사를 보도하는 언론의 신뢰도 역시 낮을 수밖에 없다.

또한 정보의 출처가 분명하지 않거나 부정확한 근거에

기반한 기사들일수록 '논란', '주목', '화제', '관심', '우려', '갈
등', '의혹', '긴장감 고조', '충돌', '마찰', '위기', '공분', '분노
폭발'과 같은 제목으로 독자들의 클릭을 유도한다. 미디어가
'논란'으로 묘사하기 전까지 전혀 논란의 대상이 아니었으며,
미디어가 '주목'을 주문하기 전까지 사람들의 주목을 끌지 못
했던 일들이다. 매체들은 지금도 출처가 불분명한 온라인 커
뮤니티나 개인 SNS, 누리꾼의 댓글을 기반으로 다양한 소설
들을 가치 있는 기사인 양 양산해 내고 있다.

어느 날 정의당 류호정 의원이 원피스를 입고 국회로 출
근했다. 그리고 그것은 '논란'이 되었다. 관련 기사에 줄줄이
달린 여성 혐오 댓글들은 기대 이상도 이하도 아니었다. 도리
어 미디어의 반응이 놀라웠다. 그들은 헤드라인에 따옴표를
남발하며 여성 의원을 모욕하는 데 주저함이 없었다. 헤드라
인에 막말 댓글을 그대로 옮기고 거기에 편승함으로써 클릭
수를 유도하려는 의도가 분명했다. 심지어 그 저의가 댓글을
비판하고자 했더라도 말이다.

팩트 체크의 부재
더 큰 문제는 허구의 인물에 기반한 '사실'만이 아니다.
사실 자체가 틀린 정보에 기반하는 기사도 흔하다. 원천 정보

자체가 잘못 입력되거나 잘못 번역되거나 잘못 인용되는 사례는 너무 많다. 기사 속에서 부정확한 인용구나 숫자 들을 발견하기란 굉장히 흔한 일이다. 가령 언론은 정부나 기업 그리고 시민 단체가 제공하는 보도 자료를 그대로 옮기는 역할만을 할 뿐이다.

'○○○의 통계에 따르면', '해외 유명 언론 ○○○에 따르면' 같은 구절도 종종 찾아볼 수 있는데, 실제 기관·기업이나 해당 언론사의 웹 사이트를 한 번만 방문해 봐도 그런 숫자는 존재하지 않으며, 애초에 보도 자료의 해석이 잘못되었음을 쉽게 확인할 수 있을 뿐이다. 이런 경우가 너무 많아서 가끔은 의도적인 실수라는 생각마저 들 정도다. 그리고 그런 실수(?)로 넘쳐 나는 보도 자료를 대하는 언론의 자세는……그냥 '복붙'이다. 예를 들어 보자.

"이슬람 사원 건축 둘러싼 시민 사회 갈등 심화"
— 연합뉴스, 2021년 4월 29일

해당 기사는 대구의 이슬람 사원 건축과 관련한 시민 사회의 갈등을 다루고 있다. 나는 해당 기사가 이야기하는 '시민 사회'란 정확히 누구를 가리키는지 궁금했다. '시민 사회'라고 표현할 때에는 적어도 여러 사회 계층을 대표하는 조직들을 의미하리라. 그래서 기사를 읽어 보니 '국민○○○○' 등 열여섯 개의 시민 단체가 참여해서 '사원 건축 반대' 기자 회견을 열고, 고발까지 진행했음을 알 수 있었다.

'국민○○○○'이라는 곳을 검색해 보니 보수 기독교 단체임을 금방 알 수 있었다. 나아가 해당 단체의 대표는 그동안 이슬람 반대, 임신 중절 반대, 이민자 반대, 동성애 반대, 차별 금지법 반대를 위해서 활동해 온 이력이 있었다. 그리고 그는 '국민○○○○' 외에도 열 개 이상의 단체 대표를 겸임하고 있었다. 하지만 기사에는 이런 단체의 성격이나 배경 관련 정보가 전혀 없었으며, 그저 국민들의 권익 신장을 위해 활동하는 단체처럼 묘사되어 있었다.

보수 기독교가 대한민국 전체의 이익을 대변할 수 있을까? 그런데 미디어는 이 단체에 관한 중요한 사실을 전달하지 않음으로써 국민의 알 권리를 침해했다. 의도적인 편집인지, 아니면 단체의 정체를 확인하지 않고 전달받은 보도 자료를 그냥 받아쓰거나 복붙을 했는지는 알 수 없다.

결국 가장 큰 문제는, 독자에게 이러한 선행 정보가 없다면 기사만 읽고서는 그 내용에 대한 가치 판단을 스스로 할 수 없다는 점이다. 극우 보수 기독교인들이 이슬람을 혐오하고, 그 혐오를 온라인과 오프라인에 확산시키고 있음은 익히 알려져 있다. 이런 기사들은 왜곡되고 편향된 가치관을 일반 독자들에게 자연스럽게 주입시킨다.

'국민○○○○' 말고도 대구 이슬람 사원 건립에 반대하는 열여섯 개 단체의 정보는 도무지 찾아볼 수 없다. 그 모든 단체가 보수 기독교 단체인지 알 수 없으므로 적어도 해당 기사는 각 단체의 간단한 배경이라도 제공해야 한다. 결과적으로 해당 기사에서 이야기하는 '시민 사회'는 너무나 모호하며 '국민○○○○' 이외의 열여섯 개 단체가 과연 시민 사회의 대표성을 띠는지 의심할 수밖에 없다. 소수의 믿음이나 의제를 단지 여론 선점을 통해서 마치 다수의 국민들이 지지하거나 큰 사회적 갈등이 있는 양 부풀려서 보여 주는 것은 언론의 역할에서 한참 벗어나는 태도다.

이와 유사한 사례들은 현재 한국의 미디어 환경에서 흔히 발견할 수 있다. 배경 지식이 없거나 깊게 들여다볼 시간적 여유가 없는 독자들은 왜곡된 정보를 있는 그대로 흡수하게 된다. 이런 제한적인 정보를 바탕으로 독자들은 곡해된 '시민 사회' 여론을 사실처럼 인식하고 가치관을 형성하는 것이다.

복붙

언젠가 한 칼럼니스트가 꽤 잘 알려진 한국의 영어 신문에 기고할 자신의 칼럼을 교정해 달라고 부탁한 적이 있다. 그가 보내온 초안은 정말이지 완벽했다. 이미 그의 영어 수준을 알았기에 좀 의아할 정도였다. 설마, 혹시? 몇 가지 문장을 구글에서 검색했더니, 아니나 다를까 여러 웹 사이트에서 정확히 같은 문장들을 발견할 수 있었다. 그는 그냥 몇몇 기사에서 온갖 문장들을 '복붙'해 짜깁기한 것이었다! 나는 표절한 글을 교정할 수는 없노라 말했고, 그는 몹시 불쾌해했다. (왜죠?) 어쨌거나 그 '복붙' 칼럼은 그대로 발행됐다. 그리고 지금도 여전히 온라인에서 찾아볼 수 있다.

외신 기사의 내용을 모조리 번역해서 출처도 밝히지 않고 마치 자신이 쓴 기사인 양 게재하는 일도 많다. 인터넷이 발달하지 않은 과거에는 이런 부끄러운 일들이 알려지지 않은 채 넘어갈 수 있었겠지만 지금은 거의 불가능하다. 그래서 요즘은 외신이 국내 미디어에 표절을 항의하는 경우가 많은데, 이는 한국 언론 스스로의 얼굴에 먹칠하는 짓이다. 짝퉁은 우리가 소비하는 상품에만 국한되지 않는다.

언론의 자유란 수정과 삭제의 자유인가?

중국의 한 매체에 따르면, 나는 '미국인 다큐멘터리 감독'이다. 갑자기 '영국인 프리랜서 저널리스트'에서 '미국인 다큐멘터리 감독'으로 국적과 직업이 바뀌게 된 사연은 이렇다. 그들은 코로나19 바이러스 사태에 대한 한국의 대응 방식을 주제로 인터뷰를 요청했다. 한국의 상황을 알고 싶다고 해서 나는 기꺼이 인터뷰에 응했다. 기사가 발행된 뒤 구글 번역기를 사용해서 내용을 확인했을 때, 난 참혹한 결과를 마주해야만 했다. 그 글은 내가 한 인터뷰라고 하기 어려웠다. 왜냐하면 내가 했던 이야기와는 전혀 다른 내용으로 가득했다.

이건 도대체 뭐지? 나는 해당 중국 매체에 수정 사항을 적어서 보냈다. 그들은 '의사 소통의 오류'에 대해 사과하면서 몇몇 요청을 받아들였다.(전부 수정되지는 않았다. 그 기사에서 여전히 나는 '미국인 다큐멘터리 감독'이다.) 하긴, 기사가 완벽하게 수정되었다 한들 별 의미는 없었으리라. 기사는 발행된 첫날에 이미 50만 이상의 조회 수를 기록했고, 어쨌거나 그 50여만 명의 독자들은 벌써 저마다 결론을 내렸을 테니 말이다. 내 입으로 발화된 적 없는 '나의 의견'을 근거로.

중국 매체를 처음 접한 내게 이 경험은 충격적이었지만,

완전히 낯설지도 않았다. 따져 보면 한국 언론의 현실도 크게 다르지 않기 때문이었다. 한국 언론 또한 기사 내용을 입맛에 맞게 수정하기는 마찬가지 아닌가. 수정을 하면 왜 수정했는지에 대한 설명이 아예 없으며, 정정 보도 역시 거의 없다. 심지어 기사 자체를 삭제하기도 한다. 그리고 거의 모든 포털 기사가 '최종 수정' 일자와 시간을 게재하고 있음에도 어느 부분을 수정했는지는 전혀 밝히지 않는다. 이런 상황에서 지금 읽고 있는 이 기사가 진실인지(추후 수정 혹은 삭제 가능성이 있는지) 전혀 알 수 없다. 정말이지 위험하고 비양심적인 행태가 아닐 수 없다. 제대로 된 언론이라면 정정 사유를 붙이는 것보다 은근슬쩍 내용을 바꾸거나 삭제하는 게 더욱 수치스러운 일이라는 사실을 왜 모르는가?

국내 유명 매체 중 하나인 S에서 한 기사를 읽었다. 세계적으로 유명한 회사 M을 비판하면서 몇 가지 의혹을 제기하는 내용이었다. 나는 해당 기사의 링크와 함께 S가 제기한 의혹을 영어로 번역해서 트위터에 공유했다. 그리고 그 트윗은 유럽 매체를 비롯해 몇몇 외신들에게 인용되었다. 몇 시간 뒤 그 기사의 링크를 다시 눌러 보았을 때, 놀랍게도 기사의 내용은 완전히 다른 얘기로 채워져 있었다. M에 대한 모든 의혹을 삭제한 것이다. 그저 링크만 같을 뿐, 내가 처음으로 공유했던 기사와는 전혀 다른 기사나 다름없었다. 나는 너무나 당황스러웠고, 바보가 된 기분마저 들었다. 어쩔 수 없이 내 트윗을 삭제해야만 했다. 그러지 않으면 나는 거짓말쟁이가 되거나 심각한 경우, 명예 훼손으로 고소당할 수도 있을 테니까.

이런 어처구니없는 사건들은 대부분의 한국 언론에서 빈번히 일어난다. 솔직히 말해서 그렇지 않은 매체가 있는지 궁금할 지경이다. 그래서 나는 트위터에 게재하기 전, 항상 해당 기사의 내용을 캡처해서 모아 두는 습관을 가지게 되었다. 어느 순간 내용이 바뀌거나 기사 자체가 사라질지도 모르기 때문이다. 무턱대고 보도하기에 앞서 팩트 체크를 철저히 하고, 행여 실수가 발생하면 정정 보도를 하는 수준의 책임감 투철한 (유니콘 같은) 매체가 아직 남아 있긴 할까?

인쇄 매체만 존재했던 시절과 비교해 보면 정말 모든 것이 너무 많고, 너무 빠르고, 너무 쉽다. 인쇄 매체가 완벽했다는 말은 아니지만 그래도 제한의 미덕이 있었다. 지면과 분량은 한정적이었고 신문의 경우 '매일 아침 한 번' 발행되는 식으로 시간이나 횟수 역시 모두 정해져 있었다. 그러다 보니 자연스레 단어와 소재를 고르고, 팩트 체크를 하는 데 보다 신중할 수밖에 없었다. 오보를 냈을 경우엔 수정이 불가능하니 정정 보도를 하는 게 당연했다. 하지만 온라인 미디어가 대세인 지금은 그야말로 범람의 시대다. 전통적인 언론사가 운영하는 온라인 매체를 포함해서, 온라인 미디어는 전부 마찬가지다. 일주일 내내, 온종일, 매분, 매초 곳곳에서 수많은 기사와 정보가 쏟아진다. 팩트 체크를 요하는 정보의 양이란, 애초에 제한된 인력으로는 불가능한 수준이다. 그 때문에 선별 과정에서부터 더욱 철저한 내부 검증을 거쳐야 함이 당연한 의무이고 책임 아닐까.

뒷광고

유튜버들의 뒷광고가 큰 이슈로 부각된 적이 있다. 일부 유튜버들이 기업의 돈을 받고 제품 리뷰 영상을 만들어 올렸음에도 이를 독자들에게 알리지 않거나 돈을 받고 리뷰한 게 아닌 양 속인 사례들이 문제시되었다. 한국의 언론 매체에서는 이와 유사한 일들이 아무런 제재도 받지 않고 공공연하게 일어나고 있다.

정부, 기업, 단체는 광고나 홍보를 통해 사람들에게 어필할 수 있는 기회를 갖고자 노력한다. 이는 자연스러운 활동이다. 언론 매체는 이런 광고 및 홍보 기사에 대한 자체적인 가격 체계를 가지고 있다. 섹션, 지면, 기사 내용의 크기, 사진 개

수, 보도 자료인지 아니면 자료 제공을 기초로 기사를 새로 써야 하는지 등과 같이 여러 상황과 조건에 따라서 가격을 책정한다.

문제는 이런 과정을 통해서 만들어진 기사와 일반 뉴스를 구분하기가 어렵다는 점이다. 외부 조직이 광고 목적으로 가격을 지불한 기사의 경우, 매체는 해당 기사가 '광고 기사'임을 고지하는 것이 기본적인 의무이다. 이를 고지하지 않는 것은 독자들의 알 권리를 훼손하는 처사이며, 미디어의 책임을 방기하는 것이다.

상황이 이렇다 보니 독자들은 눈에 불을 켜고 본인이 소비하는 기사가 광고인지 일반 기사인지 의심하고 또 의심해야 한다. 그러지 않으면 눈 뜨고 코 베이는 신세가 되기 때문이다. 언론 매체의 기만이 계속되면 정부, 기업, 단체 그리고 언론 자체에 대한 불신은 불가피하다. 광고(홍보)의 단기 효과에 집착해서 독자 기만을 지속하면 사회 전체에 불신이 고착화되고 결국 모두 피해자가 된다.

언론 윤리의 부재
한국의 매체는 내외부적 윤리 강령이나 보도 기준을 가

지고 있다. 한국기자협회의 '윤리 강령'이나 '인권 보도 준칙' 처럼 여러 가지 상황에서 지켜야 할 원칙들이 존재한다. 하지 만 한국의 미디어 현실에서 이런 원칙들은 상징으로 존재할 뿐 전혀 지켜지지 않는다. 아니, 굳이 지킬 필요를 느끼지 않 는 듯하다. 이로 인해 개인과 사회에 끼치는 해악의 규모는 미 처 가늠할 수 없을 정도다.

가령 미디어의 사건·사고 보도는 사실과 무관한 피의자 의 신상 정보를 무분별하게 공개하는 경우가 많다.

"임금 문제 다투다 흉기 휘둘러 살인 미수 조선족 집유 3년."
"○○, 마약 이어 동성애 논란까지 '충격의 연속.'"
"30대 벤츠녀 만취 운전에 50대 배달원 사망."
"흑인 남성의 노인 폭행 동영상 논란."

한국기자협회 윤리 강령 9조는 "우리는 취재의 과정 및 보도의 내용에서 지역, 계층, 종교, 성, 집단 간의 갈등을 유발 하거나 차별을 조장하지 않는다."라고 밝히고 있다. 하지만 앞 서 열거한 기사 제목들은 정확하게 집단 간의 갈등 및 차별을 부추기고 있다. 기사의 의도와 목적이 고의적인가 아닌가는 중요하지 않다. 독자의 입장에서는 특정 집단에 대한 차별과

우리가 보지 못한 대한민국

갈등을 정당화하는 근거로 작용하기 때문이다.

'인구 대비 범죄 비율' 연구에서 조선족의 범죄율이 특별히 높다는 연구 결과는 그 어디에도 없음에도 미디어는 끊임없이 범죄와 특정 집단을 연관시키는 일을 멈추지 않는다. 마약 투약은 범법 행위이므로 논란의 대상일 수 있지만 개인의 성 정체성이 논란거리가 될 수는 없지 않은가. 만취 운전으로 누군가를 사망에 이르게 했다면 그 자체로 비난받아야 하지 특정 브랜드의 자동차를 모는 여성인 것과는 아무런 관련이 없다. 노인을 폭행하는 비윤리적 범죄는 비난받을 일이지만 그 사람의 인종까지 비난받을 일은 아니지 않은가.

지금까지의 사례들을 종합해 보면 한국의 언론은 진실을 존중하지 않고, 기록과 자료를 '조작'하는 데다 사실무근의 정보를 전달하는 데에 주저하지 않으며, 보도 대상의 사생활을 수시로 침해한다. 또 잘못된 보도에 대해서 무엇이 잘못되었는지 알리지 않으며 아무런 사유도 제공하지 않고 수정과 삭제를 반복한다. 게다가 그들은 앞장서서 불필요한 갈등을 조장하고 차별을 부추긴다. 이는 그들이 속한 한국기자협회의 윤리 강령에 명백히 반하는 행위들이다.

지금까지 다룬 것은 빙산의 일각이다. 그리고 독자들도 비슷한 경험을 한 적이 있을 터다. 분명한 사실은 이런 행태가 한국 미디어만의 문제는 아니라는 점이다. 해외의 타블로이드도 마찬가지다. 이렇듯 현실이 참담하기 때문에 신뢰할 만한 매체의 중요성이 더욱 부각되는 것이다. 국제적인 정론지들처럼 말이다. 나는 철저한 자본의 논리 속에서 기준을 지키는 일이 얼마나 어려운지 잘 안다. 완벽을 요구하는 것이 아니다. 단지 최소한의 기준이라도 제대로 지키고자 노력하는 매체를 원할 뿐이다.

미디어의 역할이란, 사람들이 각자의 원칙에 따라 타당한 의견을 가지고 합리적인 결정을 내릴 수 있도록 정확한 정보와 지침을 제시하는 것이다. 하지만 앞서 언급한 예시에서 알 수 있듯, 오늘날의 한국 미디어는 그 반대의 역할을 수행하고 있다. 독자들의 눈을 멀게 하고 합리적인 의사 결정을 방해하며 개인의 올바른 가치관 형성을 저해하고 있는 것이다.

특히 코로나 바이러스의 위기 속에서 '미디어의 역할'은 더욱 돋보였다. 너무 많은 소문과 오해의 소지가 다분한 사실, 잘못된 정보 들이 통제 불가능할 정도로 빠르게 번져 나가는 상황에서 수많은 언론은 그저 사회적 불안감, 패닉, 좌절, 무질서를 야기하는 모든 것들을 무분별하게 '팩트'라고 반복 보도할 뿐이었다. 결국 미디어의 목적이란 그저 더욱 많은 클릭과 뷰, 좋아요를 현혹하기 위한 수단에 불과한가, 할 만큼 거의 폭격에 가까운 모양새였다. 누구나 미디어가 될 수 있고 무엇이든 팩트가 될 수 있는 요즘, 도대체 진짜는 무엇이라는 말인가?

행복 늘이기

나라

분열 국가

한국은 분단국가다. DMZ의 반대편은 무척 낯설었고 반세기 동안의 이데올로기, 정치, 경제, 문화, 사회적 단절을 적나라하게 확인할 수 있었다. 같은 민족, 같은 언어, 같은 모습임에도 판문점의 작은 공간은 분계선을 기준으로 너무나 다른 것들로 채워져 있었다. 분계선을 지키는 군인들의 군복과 그들의 행동, 건물의 양식 또한 달랐고 심지어 공기조차 다른 듯 느껴졌다.

나를 더욱 슬프게 하는 점은, 이런 분열의 모습이 비단 비무장 지대에서만 목격되지 않는다는 사실이다. 한국은 정치적인 대립과 지역 갈등, 성 갈등, 부의 불평등으로 인한 계층

우리가 보지 못한 대한민국

간의 갈등, 세대 갈등 등 사회 전반에서 극복하기 어려운 분열이 일상화되어 있다. 사실 한반도의 분단은 오랜 세월 동안 고착화하면서 하나의 상징으로 남았기에, 오늘날의 일상을 살아가는 사람들에게 과거처럼 큰 영향을 미치지 못한다. 반면에 한국 사회 내부의 분열은 일상에 영향을 주므로 더 심각하다.

다양한 개인들이 모여 사는 사회 환경에서 갈등은 어쩌면 필연적이다. 친한 친구, 커플, 부부 그리고 형제자매 사이에서도 갈등은 있다. 그리고 사람들은 이런 갈등을 겪고 극복하면서 이전보다 나은 관계를 형성할 수 있다. 넓게 보면, 우리는 이런 갈등을 해결하면서 과거보다 더 나은 사회 환경을 만들어 간다.

다만 심각한 문제는, 한국 사회의 집단 간 갈등이 오히려 더 큰 상처와 분열로 이어지는 듯 보인다는 점이다. 서로가 서로를 이해하려고 노력하지 않고 관용은 기대하기 힘들며 타협의 여지마저 존재하지 않는다. 온전히 갈등을 위한 갈등만이 재생산되며 확대되고 있다. 그리고 이러한 갈등은 어김없이 서로에 대한 차별로 이어진다. 집단 간 편 가르기는 '함께하지 않으면 적'이라는 흑백 논리만을 강화한다.

그리고 이 같은 흑백 논리는 개인의 가치 판단 기준으로 광범위하게 작용하기도 한다. 사회 안에서 '성공'과 '실패'를 규정하고 옳은 삶과 틀린 삶을 정의하며, 좋은 것과 나쁜 것을 구분 짓고, 수용하거나 용납할 수 없는 것들을 규정한다.

생물학적 이유로 인간은 절체절명의 위협이나 재난 상황처럼 급박한 상황에서 단순한 논리를 통해 빠른 의사 결정을 내리게 된다. 어쩌면 남북 분단으로 인한 군사적 긴장 상태가 지속되다 보니 한국인들은 매 순간을 위기 상황으로 인식하고 있는지도 모른다. 그리고 군사적 긴장 상태와 사회·경제적 긴장 상태는 크게 다르지 않다. 과거 IMF 외환 위기와 같은 경제적 재난 상황은 아직도 많은 한국인의 기억 속에 뚜렷이 남아 있다. 그리고 온전한 직업이 날로 줄어드는 현재의 경제 구조는 개인들을 치열한 제로섬 경쟁으로 내몰고 있다.

이렇게 삶의 여유를 잃어 가다 보니 긴장한 채 살아갈 수밖에 없는 개인은 자기도 모르게 흑백 논리에 갇히게 되는지도 모른다.

너 도대체 어느 쪽이야?
대학원에서 한국 정치 수업을 수강한 적이 있다. 해당 교수는 "북한과 함께해야 한다고 생각하면 진보고 북한을 적대적으로 여기면 보수다."라고 한국인의 정치 성향을 요약했다. 지금 와서 봐도 그보다 더 적절하게 구분할 수는 없을 것이다. 외국인인 나의 눈에 한국의 진보 정당과 보수 정당의 차이는 뚜렷하지 않다. 그냥 둘 다 보수 정당이다.

전 유엔(UN) 대사를 지낸 한 교수의 수업에서 나는 남북한 관계를 주제로 발표한 적이 있다. 남북 간 협력의 긍정적인 면과 부정적인 면을 나열하고, 당시 박근혜 정부의 대북 관련 노력이 부족하다고 결론 내렸다. 다른 이들의 발표에는 별말이 없던 교수가 갑자기 흥분한 모습으로 나의 발표를 끊었다. "북한이 우리에게 어떤 짓을 했는지 아세요? 북한은 신뢰할 수 없어요. 당신은 아무것도 몰라. 여기서 그만하세요. 더 이상 들을 게 없어요." 그렇게 해서 나는 발표를 마치지도 못하고 멈춰야 했다.

나는 수업 시간에 의견 표명을 제지받았음에 충격받았다. 나의 교육 과정 전체를 돌아봐도 그런 종류의 경험은 유일했다. 그때까지 나는 의견을 주고받고 토론하는 과정에서 새로운 지식을 알아 가고 배우는 것이라 여겼다. 나는 정치학 전공자도 아니고 해당 분야의 전문가는 더욱 아니지만 오 년 동안 한국학을 배웠는데 갑자기 무지한 사람으로 취급받은 데에 당황했다. 나의 발표 내용은 뭔가 급진적이거나 공격적인 내용을 담고 있지도 않았다. 그리고 나는 정치색이 분명한 사람조차 아니다. 그럼에도 나의 학문적 견해는 다분히 감성적인 주관에 의해 제지당했고, 나는 그때 비로소 한국 정치 환경의 현실을 깨달았다.

크게 보면 한국 전쟁과 남북한의 군사적 긴장 상태는 한국 사회의 갈등과 직간접적으로 연결되어 있다. 한국 근현대사에서 개인과 집단에게 가해진 주된 탄압의 근거는 종북과 간첩 활동이다. 남성의 병역 의무는 종종 남녀 갈등의 소재로 다뤄지는데, 이것 역시 따지고 보면 남북한의 분단 상황에서 비롯된 것이다. 정당 지지율로 나타나는 지역 갈등도 근거가 희박하지만 북한에 대한 프레임과 관련이 있다.

'빨갱이'는 그 의미가 모호하지만 인터넷 환경에서 자주 목격할 수 있는 단어다. 직접적으로는 사회주의나 공산주의를 동경하는 사람을 비하하는 표현이지만 단순히 본인이 싫어하는 사람이면 '빨갱이'라 지칭하는 데 주저함이 없다. 그런데 나는 지난 십 년간 한국에 살면서 진정한 '빨갱이'를 단 한 번도 만나 본 적이 없다. 사회주의가 유럽의 좌파 정당을 통해 제도권 정치 활동에 직간접적 영향을 미친 것과는 대조적으로 한국 사회에서 관련 논의는 사회주의 국가라고 자칭하는 북한의 존재로 인해 금기시되어 왔다.

흥미로운 사실은 이런 편향된 시각이 특정 정당과 지지자들에게서만 발견되지 않는다는 점이다. 나는 코로나19 팬데믹 초기에 특정 종교 집단을 희생양으로 삼은 정부와 정치인들을 비판하는 기사를 《뉴욕 타임스》에 기고했었다. 물론 해당 기사의 논지에 동의하거나 반대할 수 있다. 하지만 당시 정부를 비판했다는 이유 하나만으로 열성 지지자들로부터 다양한 종류의 비난을 받아야 했다. 그리고 나는 나의 의지와 상관없이 자동적으로 보수 정당을 지지하는 사람으로 분류되었다. 그렇게 한번 찍힌 이후로 나는 그들의 '적'이 되었다.

잘하는 것은 마땅히 칭찬하고 못하는 점은 미흡하다고 비판할 수 있어야 한다. 하지만 한국 사회에서는 자기편에 대한 맹목적 추종과 무조건적 편들기가 종종 목격된다. 그리고 상대방에 대한 근거 없는 비난과 폄훼가 일상이다. 이런 맹목적 지지자들에게 옳고 그름이나 객관적인 시각은 불필요하거나 불가능에 가까우며, 피아를 빠르게 구분해서 지지하거나 공격하는 것이 훨씬 중요해 보인다. 많은 사람들은 나의 정치

성향에 대해 혼란스러워한다. 만약 나에게 투표권이 주어진다면 나는 특정 정당에 투표할 의향이 있다. 그렇다고 그 정당의 잘못까지 감쌀 의향은 없다.

너 '페미'야?

한국 생활 초기, 친구 가족의 초대로 추석을 함께 보낼 때였다. 맛있는 음식 냄새에 이끌려 주방을 기웃거렸더니 다들 바빠 보였다. "어머님 제가 도와 드릴게요!" 사실 한국 전통 음식의 조리법이 궁금하기도 했고, 혹시 내가 도울 일은 없을까 해서 물었다. 하지만 말을 꺼내기가 무섭게 나는 부엌에서 쫓겨나다시피 했다. "남자들끼리 놀아!" 처음에는 손님을 배려해서 그런가 보다고 생각했다. 남자들이 모여 있는 거실로 향했다. 그리고 친구에게 말했다. "엄마 좀 도와 드려!" 그는 못 들은 척했고, 그대로 앉아서 텔레비전 시청을 이어 갔다.

마침내 거대한 제사상이 차려졌다. 한국에서 어떻게 제사를 지내는지 지켜볼 수 있었다. 흥미롭고 이상했다. '왜 여자는 절을 안 하지?' 제사를 주관하고 절을 올리는 모든 과정에는 손가락 하나 까딱하지 않은 남자들만이 참석했다. 제사가 끝난 뒤에도 쉽게 해소할 수 없는 의문이 남았다. 왜 새벽부터 제사상을 차리느라 고생한 여자들은 멀찌감치서 제사상을 지켜보기만 하는 걸까.

제사가 끝나고 다 같이 밥을 먹는 과정에서도 놀라움은 계속됐다. 남자들의 밥상과 여자들의 밥상이 구분되어 있었다. 왜 한 상에 모여 앉아서 먹지 않는 걸까. 이상했다. 식사 후 정리와 설거지 역시 온전히 여성의 몫이었다. 이 모든 과정이 모두에게 너무나 익숙한 듯 자연스러워 보였다. 나는 끊임없는 변화를 추구하는 역동적인 한국 사회에서 해당 사례가 일반적인 한국 가정의 모습이라고는 여기고 싶지 않다.

회사 생활을 할 때 가볍고 작은 박스들을 옆방으로 옮겨야 할 일이 생겼다. 주변의 모든 여자 동료들은 팔짱을 끼고 나와 남자 직원들을 바라보고만 있었다. 내가 바쁜 일을 처리하느라 미처 신경을 쓰지 못하는 사이, 한 여자 동료가 나에게 다가와서 물었다. "라파엘, 저거 안 옮기고 뭐 하니?" 그래서 나는 "그쪽이 도와주시면 되겠네요."라고 답했다. 돌아온 말은 "난 여자잖아."였다. 무겁거나 부피가 큰 물건이었다면 이해하겠으나 여자라는 이유로 물리적 노동이 불가능하다는 답변에 나는 충격을 받았다.

성별에 따른 특정 역할은 앞서 언급한 일부 사례 외에도 일상적으로 흔히 사용하는 '남자다움'과 '여성스러움'이라는 단어에서 쉬이 찾아볼 수 있다. 이런 단어들이 정확히 어떤 의미인지는 분명하지 않지만, 한국 사람들은 일반적으로 특정 성별에 맞는 특정 행동을 기대하고 있다. 가령 「넝쿨째 들어온 당신」처럼 고정적인 성 역할을 탈피하는 드라마도 있지만, 대다수 드라마들은 특정 성 역할을 강화하고 있는 듯 보인다.

남녀 갈등의 근원에는 남녀가 불평등한 사회 구조가 자리하고 있다. 동일 노동, 동일 임금이어야 함에도 단지 여성이라는 이유로 남성의 70퍼센트밖에 안 되는 낮은 임금을 받아야 한다. 출산으로 인한 경력 단절을 강요하는 조직 문화가 만연하며 이를 어렵게 극복하더라도 두꺼운 유리 천장 탓에 승진 기회는 적다. 시대가 많이 변했다고 하지만 여전히 가정에서의 업무량은 여성에게 치중되어 있으며 육아의 책임 또한 여성의 몫이다. 내가 아는 맞벌이 부부들의 경우도 상황은 크게 다르지 않았다.

여성을 상대로 한 성범죄조차 다양한 사유를 참작해서 낮은 처벌을 내린다. 예를 들어 진지한 반성, 피해자와의 합의, 범죄자의 사회적 지위, 지인들의 선처 요청, 부양할 가족의 형편, 불우한 성장 환경 등을 고려해서 처벌 수위를 정하는 것

우리가 보지 못한 대한민국

이다. 조직 내 성범죄의 경우, 아예 무시하거나 은폐하기에 급급하다. 주변 여성 지인들의 '증언'에 따르면, 그들은 여성으로 살아가는 전 과정에서 남성이었다면 결코 겪지 않았을 다양한 불안을 안고 살아간다.

사람들은 이러한 불평등을 그동안 관습이라는 이유로 알게 모르게 일상의 한 부분이라 여겨 왔다.

지난 삼십 년간 여성의 교육 수준은 괄목하게 변화했다. 1993년의 대학 진학 비율을 보면 10명 중 3명만이 여성이었지만 2020년에는 10명 중 4.5명이 여성이다. 경제 활동 참가 비율에는 큰 변화가 없지만 대학 진학률로 인한 전문직 진출이 과거보다 높아졌음을 짐작할 수 있다.

이토록 급진적인 변화들을 겪으면서 전통적인 남녀 역할은 흔들리고 있다. 따라서 일부 남성들은 자기들의 지위가 위협받고 있다고 느낄 수 있다. 더구나 과거에 비해 괜찮은 일자리가 점점 줄어들고 교육 수준은 높아지는 상황에서 사회 진출을 둘러싼 남녀의 기회 경쟁은 불가피한 현실이 되었다. 전통적인 가정 환경에서 아버지, 남성 가장의 역할을 보고 자란 세대일수록 사회·경제적 현실의 변화로 인한 무력감을 과도

하게 느낄 수밖에 없다.

이 같은 일부 남성들의 불만과 불안은 익명의 온라인 공간에서 분출되고 있으며, 여성들을 대상으로 비논리적이고 폭력적인 문화를 양산하고 있다. 오프라인 공간에서도 이른바 남성의 권익을 주장하는 단체들이 활동하고 있으며, 맹신적인 대표자들은 선동을 이어 가고 있다. 그리고 일부 젊은 세대들은 이런 극단적인 주장에 쉽게 영향받을 가능성이 크다. 특히 '병역의 의무'처럼 대부분의 한국 남성들이 공유하는 경험이 그들의 논리 구조 밑바닥에 깔려 있을 때는 더욱 위력적이다. 병역의 의무는 그 자체로 복잡한 특성을 안고 있으므로 더 깊이 있게 다룰 사안이다. 그것은 국가적 문제고 법의 테두리 안에서 논의할 사안이지 여성을 혐오하는 근거일 수는 없다.

일부 남성들의 극단적인 여성 혐오 문화는 일부 여성들에게서 같은 수준의 대응을 만들어 냈다. 그들은 서로를 미워할 만한 모든 극단적인 정보들을 주고받으며, 상대의 존재를 부정하는 이유를 재생산하고 있다. 특히 성별이 편중된 커뮤니티 공간에서 이런 정보와 주장 들이 활발하게 공유되며 거기에 반하는 목소리는 철저하게 통제당한다.

우리가 보지 못한 대한민국

2018년, 혜화역 불법 촬영 규탄 시위를 조직한 한 여성을 인터뷰할 기회가 있었다. 한 시간 정도 진행된 인터뷰 동안 그녀는 대부분 사전 질문에 미리 준비해 온 답변을 들려주었다. 그런데 인터뷰를 진행할수록 그녀는 상기된 모습으로 개인적 의견을 피력하기 시작했고, 끝날 무렵에는 "I hate men!(나는 남자를 미워합니다!)"이라고 소리쳤다. 물론 이것은 일부 극단적인 입장으로, 해당 시위에 참가한 많은 여성들의 견해와는 별개다. 나는 극단적인 주장을 펴는 남자도 인터뷰한 적이 있다. 그리고 그 둘 사이에 유사한 패턴이 있음을 확인할 수 있었다. 그들은 서로가 서로를 부정하며 대화나 이해 자체가 불가능하다고 이야기한다. 서로 간의 대화조차 불가능하다면 변화나 개선의 가능성 역시 없는 것 아닌가.

　　이런 예는 양극단에 선 극소수의 주장일 뿐이다. 그러나 클릭 수에 의존하는 미디어는 종종 이런 자극적이고 극단적인 주장에 편승해서 남녀 갈등을 조장한다. 그들은 온라인 커뮤니티 사이트에서 오가는 익명의 잡담을 마치 갈등의 표본인 양 옮겨 쓰고 있으며 '젠더 갈등', '남녀 갈등'의 소재로 활용한다.

　　한 기업의 온라인 홍보물에 실린 손 모양이 미디어에서

'화제'와 '논란'으로 부각되며 남혐 조장의 증거로 제기된 사례가 있다. 여기서 해당 홍보물이 남혐을 조장하고자 의도적으로 만들어졌는지 여부는 중요하지 않다. 훨씬 흥미로운 점은, 이와 관련한 유사 논란 기사다. 일 년 전 다른 기업의 홍보물에서도 비슷한 이미지가 사용됐음을 한 누리꾼이 발견했고 이를 온라인 커뮤니티에 공유했다. 몇 개의 댓글이 이어졌고 미디어는 해당 글을 근거로 또 다른 '페미' 논란을 만들어 냈다. 그리고 그 기업의 수장은 공식적으로 사과해야만 했다. 결국 유사한 이미지를 홍보물에 사용한 여러 기업들도 속속 사과했다. 이러한 공식적인 사과는 실상 미디어의 논란 조장 행위와 일부 극단적인 주장을 정당화하는 결과만을 가져온다. 더 슬픈 사실은, 유명 정치인들이 지지 세력을 결집하려고 남녀 갈등 조장에 앞장선다는 점이다. 그들은 한국엔 구조적 성차별이 없으며, 페미니즘 때문에 출산율이 낮아진다는 터무니없는 주장을 한다. 이 같은 정치인들의 행태는 정말 역겹고 위험하다.

대부분의 사회와 마찬가지로 한국 사회는 여전히 남녀가 불평등한 사회다. 그러므로 더욱 많은 부분에서 성평등의 조건과 환경을 조성해 나가야 하며, 여성의 교육, 사회·경제적 참여가 향상됨에 따라 더 나은 나라가 되리라는 점 역시 자명하다. 그럼에도 서로가 서로를 부정하기만 하는 일부 극단적인 주장은 경계해야 한다. 이는 성평등을 위한 노력에 찬물을 끼얹을 뿐이다. 여성의 권익을 확보하기 위해 투쟁하는 페미니즘이라는 용어가 일부 극단주의자들에 의해 어느 순간 한국 사회에서 모욕적인 단어가 되어 버린 것처럼 말이다.

바람직한 것 vs. 바람직하지 못한 것

흑백 논리는 특정 사회 분야나 주제에 국한되지 않는다. 개인의 성별, 장애, 나이, 억양, 출신 지역, 외모, 종교, 사상 또는 정치적 의견, 성적 지향, 학력, 경제적 상황, 고용 형태, 사회적 신분에 따른 구분과 차별은 일상 속에 알게 모르게 스며 있다. 사실 이렇듯 광범위한 사회적 차별 속에서 가해자와 피해자를 구분하기란 어려운 일이다. 피해자가 때로는 가해자가 되거나 그 반대의 상황도 언제나 가능하기 때문이다.

이 같은 구분과 차별은 실상 눈에 띄기보다는 일상에서 거의 무의식적으로 일어나는 경우가 대부분이다. 앞서 열거한 구분과 차별의 목록은 법처럼 강제되지는 않지만 어쩌면 법보다 더 강력한 사회적 의식으로 암묵적 효과를 발휘한다. 그리고 이는 바람직한 것과 바람직하지 못한 것으로 구분되어서 수많은 개인의 생각과 행동을 구속한다.

내가 다니던 회사에서 급하게 직원을 채용할 일이 생겼다. 혹시 아는 사람 있으면 추천해 달라고 요청해서 나는 급히 지인들을 탐색했다. 그렇게 물망에 오른 친구는 공교롭게도 고졸자였다. 영어가 유창하고 홍보 관련 업무도 한 적이 있으므로 나는 그 친구를 추천했지만 실수였다. 인사 담당자는 우리 회사에 고졸자를 받을 수는 없다며 단칼에 거절했고, 그는 면접은커녕 서류 제출의 기회조차 얻지 못했다.

개인적으로 홍보 회사의 업무는 대학의 특정 전공 과정을 반드시 이수해야 하거나 졸업장이 필요하다고 생각하지 않는다. 커뮤니케이션 기술이나 타인을 이해하고 설득하는 방법만 알면 충분하다. 이런 기술은 굳이 대학 과정이 아니더라도 사회생활을 하면서 충분히 습득할 수 있다. 잠깐 같이 일했던 동료만 보더라도 해외 유명 대학을 졸업하고 완벽한 이력서를 갖추었지만 좀처럼 해당 업무와는 잘 맞지 않았더랬다. 요컨대 경력도 있는 사람을 고졸자라는 이유만으로 지원의 기회마저 박탈하는 것은 사실 비합리적이다. 실제로 홍보 분야에 감각이 있는 그가 여느 대졸자보다 업무 성과는 더 높을 수도 있다.

이런 까닭에 한국의 많은 청소년들에게 대학 졸업장은

선택이 아닌 필수가 되었고, 그렇지 못한 소수의 고졸자들은 온갖 기회에서 소외되고 차별받는다.

나는 만약 나의 자녀가 대학 진학을 원하지 않으면 굳이 보내고 싶지 않다. 그럼에도 나의 자녀가 오로지 대학 졸업장의 유무만으로 사회적 차별을 받는다면 받아들일 수 없으리라. 결국 이런 환경이 유지된다면 나 역시 자녀의 대학 진학을 종용할 터다. 내가 영국에서 다녔던 고등학교의 대학 진학률은 무려 99퍼센트였다. 어떤 면에서 대학 진학이 유일한 목표인 한국의 고등 교육 과정과 유사하다고 할 수 있다. 하지만 그 학교가 영국의 보편적 교육 현실을 대변하지는 않는다. 영국에서 고등학교 졸업생의 대학 진학률은 기껏해야 40퍼센트이니 말이다.

온전히 개인의 자유와 선택만으로 살아갈 수 있는 사회는 이 세상에 존재하지 않는다. 싫든 좋든 때로는 원하지 않는 선택을 강요받기 마련이며 어느 정도는 개인의 자유를 포기할 수밖에 없다. 하지만 흑백 논리가 지배하는 사회 환경이라면 개인의 선택 기회는 한층 줄어들 수밖에 없다. 왜냐하면 사회가 허용하는 '옳은 선택' 외에는 잘못된 선택밖에 존재하지 않기 때문이다.

가장

자기 옳음

그대로

펭수 현상

개인은 여러 층위의 자아를 가지고 살아간다. 주변 환경이나 사회가 원하는 개인의 모습과 자기가 스스로를 바라보는 모습 사이에는 간극이 있다. 사회 환경이 개인에게 변화를 요구할수록 사람은 혼란과 불행을 느끼기 마련이다. 내면이 강한 사람이라면 환경과 나 사이의 차이를 받아들이고 스스로의 모습을 있는 그대로 긍정하는 등 외부 영향으로부터 자신을 지킬 수 있지만 모두 그런 것은 아니다.

이와 관련한 이야기를 전개하기에 앞서, 우리 모두에게 익숙한 캐릭터 펭수를 고찰하고자 한다. 펭수는 한국 사회에서 바람직한 개인과 그렇지 못한 개인을 들여다볼 수 있는 계

우리가 보지 못한 대한민국

기를 제공한다. 사실 펭수는 많은 면에서 한국 사회로부터 환영받지 못할 특성을 가지고 있다.

— 펭수는 우스꽝스럽게 생긴 데다 비만이다. 많은 시간과 돈을 들여 자기 관리를 해야 하는 한국 사회에서 펭수의 겉모습은 받아들여지기 어려워 보인다.

— 펭수는 남자도 여자도 아닌 무성이다. 성 소수자에 대한 차별과 혐오가 일상인 한국 사회에서 말이다.

— 펭수는 '외노자'다. 내국인의 일자리도 부족한 마당에.

— 펭수는 한마디로 '싸가지'가 없다. 위계질서가 하나의 규범으로서 개인의 일거수일투족을 규정하는 한국 사회에서 펭수의 눈치 없고 버릇없는 행태는 이른바 '가정 교육을 제대로 받지 못한' 인성이다.

— 펭수는 스펙이 부족하다. 지적 수준은 평균 이하처럼 보이며, 발음이 부정확하고 언어 능력도 떨어지는 듯하다. 좋은 스펙이 현재와 미래의 성공을 가져다주리라 믿는 한국 사람들에게 펭수는 앞날이 막막한 인물이다.

이처럼 펭수는 한국 사회의 관점에서 보기에 많은 결함을 가지고 있다. 하지만 가상의 캐릭터라는 이유 하나만으로 이러한 특성들은 무시(용서)된다. 그렇다면 펭수가 아닌 실제

인물이 저런 특성들 중 하나를 가지고 있었다면 어떤 일들이 벌어질지 좀 더 들여다보자.

외모가 바람직하지 않을 때

회사에 다닐 때 면접관 자격으로 신입 사원을 인터뷰한 적이 있는데, 내 역할은 지원자의 영어 능력을 확인하는 것이었다. 그때 동료가 이력서를 전달하면서 충격적인 한마디를 던졌다. "기대하지 마. 못생겼어!" 나는 그 말을 듣고 너무 경악했다. 어떻게 능력 평가보다 얼굴 평가가 먼저라는 말인가? 면접도 보기 전인데 이미 반쯤 결론이 나 있었다. 예상대로 그 사람은 떨어졌다. 도대체 외모와 업무 능력 사이에 어떤 연관이 있는지, 아니 그보다 이력서에 사진이 왜 필수 사항인지 이해할 수 없었다.

한국에서 '못생긴' 사람들이 설 공간은 많지 않다. 뚱뚱하거나 피부가 매끈하지 않거나 패션 테러리스트거나 화장을 안 하거나, 외모에 전혀 신경 쓰지 않으면 게으르거나 자기 관리를 못하는 사람으로 여겨진다.

회사에 다니는 동안 나는 살이 좀 붙었다. 주변 사람들이 나보다 먼저 알아채고는 몸매 관리를 하라는 둥 충고와 걱정을 해 줬다. 그렇게 심각한 정도였나? 어차피 그 당시 만성 피로에 시달리고 있던 터라 운동의 필요성을 느끼고 헬스장에 등록했다. 인바디 테스트 결과는…… 체지방률에서 '비만'이라는 결과가 나왔다. 객관적 수치에 나는 승복할 수밖에 없었다.

최근 나를 담당했던 트레이너가 바쁜 듯해서 물어보니 '보디 프로필'을 도와주러 스튜디오에 나갔다고 했다. 무슨 소리인가 해서 찾아봤더니, 요즘 젊은이들 사이에서는 보디 프로필 촬영이 인기라고 한다. 일반인들이 멋진 몸을 만들어 스튜디오에서 프로필 사진을 찍고, SNS나 데이팅 앱의 개인 '프사'로 사용하는 것이었다. 그들이 얼마 동안 보디 프로필과 일치하는 몸매를 유지할 수 있을지, 그리고 유지하지 못할 때 어떤 느낌을 받을지 짐작할 수 없었다.

예전에 비자 갱신을 신청하려고 증명사진을 찍었다. 사진관에서 촬영해 본 이들이라면 모두 알다시피 사진사는 "살짝 웃으세요.", "고개를 왼쪽으로 조금만 돌려 보세요." 등 여러 주문을 한 뒤 찰칵, 셔터를 누른다. 여기서 끝이 아니다. 촬영 후 사진사는 컴퓨터 스크린을 뚫어지게 바라보며 마우스와 키보드를 부지런히 움직였다. 그렇게 건네받은 결과물은 예상에서 크게 벗어나지 않았다. 사진 속에는 낯선 '내'가 있었다. 나의 어두운 피부는 백인만큼 하얗게 변했고 얼굴 골격 역시 부드럽게 깎였다. 비자를 갱신하는 데는 문제가 없었지만 사진을 볼 때마다 왠지 모를 쓸쓸함이 느껴짐은 어쩔 수 없다.

대학 입학 서류나 입사 지원서에 어김없이 들어가는 프로필 사진도 별반 다르지 않다. 스튜디오는 늘 더 '나은' 고객의 얼굴을 만들어 내느라 열심이며 포토샵 교정을 잘하는 사진관은 경쟁 우위에 설 수 있다. 이른바 전 세계 MZ세대 사이에서 유명한 '스노우' 어플은, 그동안 사진관에서 수작업으로 하던 외모 교정을 자동으로 해 준다. 한국 회사에서 개발한 '브이 라인' 앱은, 날씬한 몸매, 필터 효과 등의 기능을 통해 현실과는 다른 사람을 만들어 낸다.

2011년 한국에 막 도착했을 무렵, 나는 치아 교정 중이었으므로 주기적인 치료와 관리가 필요했다. 런던의 치과 의사가 보내온 나의 엑스레이 사진과 치료비면 준비를 마쳤다고 생각했는데, 막상 한국의 치과에서는 예상치 못한 제안을 해 왔다. "수술하셔야 할 것 같은데……." 무슨 수술? 양악 수술……. 얼굴 구조를 송두리째 바꾸는 대수술을 권하는 이유는 간단했다. 완벽한 미소를 짓게 해 준다는 것이었다. 현 상태는 70퍼센트 정도만 완벽하다는 말도 덧붙였다.(근데 완벽한 미소라는 게 뭐야, 도대체?) 치과를 두 군데 더 방문했음에도 답은 비슷했다. 세 번째 치과에 가서야 겨우 수술 없이 치료를 받을 수 있었다.

　K-뷰티로 일컬어지는 한국은 전 세계 미용 산업의 선두 주자이다. 그 경제적 파급 효과는 아마 상상 이상이리라. 그런데 이런 성과의 이면에는, 외모도 경쟁력으로 인식하는 대중문화가 결정적으로 자리하고 있다. 사실 한국의 외모 지상주의에 대해서는 영국에 있을 때부터 익히 들어 알고 있었다. 게다가 외모 지상주의라는 것이 비단 한국만의 문제는 아니라고도 생각했었다. 입술을 부풀리고 몸매를 과시하는 유명인들의 인스타그램 사진은 범세계적 이슈니까. 그럼에도 한국의 외모 지상주의가 이토록 대중적이고 일상적일 줄은 몰랐다. 외모에 대한 주위의 평가, 지적, 기대에서 자유롭기란 얼마나 어려운가. 그리고 이런 주변의 시선은 스스로의 의식으로 내면화되어 거울이나 사진 앱 속에 비친 자기를 확인하는 순간마다 상기되고, 자신에게만 보이는 외모 콤플렉스를 끊임없이 발견하게 할 터다.

성적 지향이 바람직하지 않을 때

한국 사회에서 다수가 아닌 소수자로 살아가기란 거의 불가능하다. 성 소수자와 관련한 기사 밑에는 예의 댓글들이 어김없이 달린다.

"그냥 정신병자 그 이상도 이하도 아니다."

"똥꼬충."

"여자가 남자인 척하는 것일 뿐. 여자로 태어났으니 평생 여자입니다."

"가정을 파괴하고 변질시키는 동성애…… 악을 선하다고 하는 세상……."

"백화점에서 쇼핑하듯이 성을 선택하나요? 어이가 없네요."

한 조사에 따르면, 미국의 경우 자신을 성 소수자라고 밝히는 사람은 총인구의 5퍼센트 정도라고 한다. 한국의 통계는 따로 없으므로 미국의 통계를 참고한다면, 한국 인구를 5000만 명으로 볼 때 250만 명 정도가 성 소수자라고 가정할 수 있다. 이런 수치에도 불구하고 한국 사람 대다수가 이성애자를 '정상'으로 받아들이고 있음에는 이론이 없다. 그렇게 정상으로부터 배제당한 그룹에 속한 이들이 일상에서 마주해야 하는 혐오와 차별의 수준은 상상 이상이다. 그들은 스스로가 정녕 '이상'한지 끊임없이 질문해야 하며, 또 자신의 성 정체성이 '정상인'들 눈에 띄지 않도록 가능한 한 평생 감춰야 한다.

사람들은 자기와 다르거나 잘 알지 못하는 존재에 대해 위협을 느끼기 쉽다. 더구나 다수가 아닌 소수를 위협으로 느낀다. 집단의 고유한 정체성을 훼손한다는 이유로……. 그리고 자신의 생각, 심지어 추측에서 벗어나는 상황을 좀체 받아들이지 못한다. 그래서 누군가의 성 정체성이 자신의 생각과 다를 수 있다는 사실만으로도 거부감을 느낀다. 사회적 통념에 위배된다는 이유로 말이다.

분명한 점은, 성 정체성이 선택은 아니라는 것이다. 성적 지향도 마찬가지다. 그 누구도 어느 날 아침에 일어나서 아무런 까닭 없이 자신의 성별을 바꾸겠다고 마음먹지 않는다. 또 이성이 아닌 동성을 갑자기 좋아하게 되지도 않는다. 오히려 선택의 여지가 있었다면, 그들은 결코 사회적 편견과 차별의 대상이 되는 길을 몸소 택하지 않았을 터다.

2018년에 취재차 방문했던 인천 퀴어문화축제는 지금도 잊을 수 없다. 수만 명의 참가자들이 스스로의 정체성을 축하하는 서울 퀴어문화축제와 비슷하게 흘러가는 줄 알았다. 서울 퀴어문화축제에도 이른바 혐오 세력들이 있었지만 참가자들과는 철저히 분리되었다. 인천 퀴어문화축제에서 목격한 현장은 너무나 달랐다. 그 축제에 참가한 성 소수자들은 혐오와 폭력에 무기력하게 노출되어 있었다.

많은 사람들이 스스로에게 그리고 타인에게 솔직한 자기를 드러낸다는 이유 하나만으로 공공장소에서 증오와 혐오, 폭력의 대상이 되는 모습을 내 눈으로 목격하게 될 줄은 몰랐다. 혐오 세력 시위자들의 눈동자는 차마 숨길 수 없는 분노와 사악함으로 가득했다. 무지개 깃발을 흔들던 한 사람은 화난 시위대에게 바닥으로 내동댕이쳐져 짓밟혔으며 이는 내가 목격한 폭력 중 극히 일부에 불과하다. 수백 명이 모인 가운데 평화적인 축제여야 했던 그 행사는 하나의 악몽으로 저녁까지 이어졌다. 행사에 참가했던 많은 이들이 그 사건 이후로 외상 후 스트레스 장애에 시달린다고 들었다.

인천에서의 그 사건 이후로, 나는 한국 사회 안에서 소수자를 대하는 자세가 심각하게 잘못되었음을 깨달았다. 그리고 그 사건을 계기로 나는 이 주제에 좀 더 초점을 두기로 결심했다. 성 소수자 커뮤니티의 친구들을 알게 되면서 "그때 만난 애 기억나? 얼마 전에 자살했어."라는 이야기와, 또 다른

우리가 보지 못한 대한민국

자살과 자살 시도 소식을 지속적으로 들어야 한다는 사실은 나를 슬프게 한다. 이 사회가 그들을 있는 그대로 받아들이지 않으므로 성 소수자는 스스로의 존재를 부정해야만 하는 현실로 계속 내몰린다. 도대체 우리는 어떤 세상에서 살고 있는가?

출신 지역이 바람직하지 않을 때

한국 내 특정 지역 출신에 대한 차별도 심각한 수준이다. 지인으로부터 들은 이야기에 따르면 모 대형 회사의 경우, 특정 지역 출신은 채용하지 않거나 채용 후에도 승진의 기회가 주어지지 않는 등 암암리에 차별이 자행되고 있다고 한다. 수도권 vs. 비수도권, 강남 vs. 비강남, 도시 vs. 지방까지 더하면 바람직하지 않은 출신 지역의 사례는 끝이 없어 보인다.

출신 지역을 세계로 넓혀 보면 상황은 더욱 심각하다. 한국 사회에서 환영받는 외국인은 (이른바) 서양이나 부유한 나라에서 온 사람들뿐이다. 외국인의 피부색은 부유한 나라에서 왔는지 아니면 가난한 나라에서 왔는지를 짐작하게 하는 수단이다. 부유한 나라에서 온 백인에 대한 대우는 그렇지 않은 외국인보다 훨씬 후한 편이다.

한국에 대해 아무런 관심도, 연고도, 배경 지식도 없는,

(이른바) 선진국에서 온 많은 외국인들은 수년간 한국에서 편안한 삶을 영위하고 있다. 간단한 한국어 문장만 구사해도 "어머! 한국말 잘하시네요!"라는 칭찬이 자동으로 돌아온다. 식당에서 김치를 먹으면 "오! 한국 음식 잘 먹네요. 젓가락질도 잘하고!"라며 반가워한다. 이는 전혀 놀라운 일도, 고마워할 일도 아니다. 설명할 필요조차 없지만 한국에서 어느 정도 산 외국인이라면 한국어를 구사하고 현지 음식을 먹으며 거기에 익숙해지는 일은 필수다.

피부색이 어둡거나 한국보다 가난한 나라에서 온 사람들을 어떻게 대우하는지는 여러 뉴스를 통해 확인할 수 있다. 온갖 매체들이 가난한 나라에서 온 사람들을 열심히 일하지 않고, 게으르고, 그저 한국의 (상대적으로) 관대한 건강·복지 시스템을 악용하는 사람들이라고 은연중 그려 내고 있다. 또한 그들이 떠나온 국가는 한국보다 못사는 나라이기에 배울 점이 전혀 없고, 오로지 한국의 성공 사례를 따라 배우고 추앙해야 한다고 여긴다.

나는 종종 텔레비전 방송이나 다른 미디어의 출연 요청을 받는다. 바쁜 스케줄을 핑계로 거절하면 꼭 다시 묻는다. "혹시 추천할 만한 외국인 친구가 있나요?" 한번은 대학원 친구 중에 한국에 사는 베트남 여성을 추천한 적이 있다. 사진을 보내 달라고 해서 보내 줬더니 "혹시 다른 외국인은……." 하는 답변이 돌아왔다.

결혼한 베트남 여성이 텔레비전에 아예 나오지 않는다는 얘기가 아니다. 그들의 이야기는 주로 휴먼 다큐멘터리에서 다뤄진다. 한 축의 '외국인'은 새롭고 밝고 긍정적이고 재미있고 지적으로 그려지는 데 반해, 다른 축의 '외국인'은 한국 사회에서의 적응, 갈등, 고난의 과정을 보여 주며 어둡고 우울한 이미지로 묘사된다.

바람직하지 않은 출신 지역의 외국인이 처한 현실은 성희롱, 성폭행, 가정 폭력, 임금 체불, 노동 착취, 협박, 갈취, 인신 모욕 등 뉴스에서 확인된 사례만 해도 차고 넘친다. 이런 차별은 비단 '외국인'에 국한되지 않는다. 한국 사회에서 한국인과 같은 뿌리를 공유하는 조선족에 대한 편견과 차별은 일상이다. 조선족은 범죄율이 높다거나 무서운 사람이라는 불명확한 인식이 팽배하며, 그들이 모여 사는 지역은 기피된다.

한국은 난민을 '못사는 나라의 사람'이나 무슬림 정도로 생각한다. 나아가 그들을 경제적 이주민, 가짜 난민, 불법 체

류자, 잠재적 테러리스트로 본다. 이런 차별적 인식은 극보수 기독교 단체들의 선동에 의해 강화된다. 그들의 극단적 주장은 미디어를 통해 '난민 반대 시위' 혹은 '난민 반대 시민 단체'로 포장된 채 헤드라인을 장식한다. 그런데 이상하다. 그들과 관련한 다른 많은 이야기들 중에 오로지 편향되고 왜곡된 주장만이 확대 재생산된다. 자극적 언사로 점철된 미디어를 접한 대중은 마치 난민이 거대한 사회 문제인 양 오해할 수 있다.

한국 정부는 국내법과 국제법상 난민을 보호해야 하는 법적 책임을 가진다. 하지만 한국은 전 세계의 선진국 가운데 난민 수용률이 가장 낮은 나라에 속한다. 2000년부터 2017년까지 OECD 37개 국가의 평균 난민 인정률은 24.8퍼센트인데 반해 한국은 3.5퍼센트 정도다. 법무부 통계 자료에 따르면 1994년부터 2020년까지 난민 신청자는 7만 1042명인데 이 중 1091명만이 난민으로서 인정을 받았다. 즉 1.5퍼센트만 난민으로서 인정받은 셈이다.

오늘날 한국의 경제 성장률은 대부분의 선진국과 유사하게 낮은 편이다. 청년들의 실업률은 증가하고 있으며 직업 안정성 또한 과거에 비해 낮아지고 있다. 한국인조차 살아가기

팍팍한 현실에서 그동안 3만 명 이상의 북한 이탈 주민을 수용해 왔다. 정부가 자국민에 대한 관심도 부족한데 난민에게까지 신경 쓸 여력이 없다는 주장 역시 대두하고 있다.

한국 경제에서 해외 수출이 차지하는 비중은 50퍼센트 이상이다. 물론 난민이 발생하는 나라에서 벌어들이는 돈은 아니지만 세계 경제 순위 10위의 선진국임을 자부하는 국가라면 그에 따르는 국제적 책임을 피하기는 더욱 어려울 터다.

최근 '특별 공로자'라는 지위를 부여해서 아프가니스탄 난민을 수용하기로 결정한 점은 국제적 책임을 다하려는 노력으로 볼 수 있다. 하지만 '특별 공로자'라는 지위는 국내 난민에 대한 부정적 인식을 비켜 가는 방편에 불과하다. 난민의 지위는 특정 국가에 대한 공로가 있고 없음을 떠나 인류 보편의 권리를 보호하려는 최소한의 노력이며, 이런 노력을 통해 더디지만 우리가 점진적으로 더 나은 정부와 더 나은 세상을 향해 나아가는 것 아니겠는가.

난민 이슈는 복잡하고 다루기 힘든 주제다. 찬성이나 반대, 옳고 그름을 섣불리 논하기도 어렵다. 그렇지만 쉽게 결정하기 어려운 주제에는 더 진지한 논의가 필요하고, 잘 모른다면 제대로 알 수 있을 때까지 논의를 거듭해야 한다. 난민을 받아들이는 것에 대한 찬성과 반대는 그런 과정을 모두 거치고 나서의 일이다.

미지의 영역에 대한 막연한 두려움은 인종 차별과 증오로 이어지기 십상이다. 그 누구도 난민이 되고 싶은 사람은 없다. 하지만 우리 모두는 어느 날 갑자기 난민이 될 수 있음을 잊지 말아야 한다. 단지 난민들은 우리보다 먼저 불행한 시간과 불행한 장소를 만났을 뿐이다.

행동이 바람직하지 않을 때

'동방예의지국'으로 일컬어지는 한국 사회에서 말과 행동은 사회적 규범, 즉 예(禮)를 벗어나면 안 된다.

이 사회에서 나고 자란, 한국을 모국으로 둔 사람들에게 예에 맞는 행동이나 언어 사용은 공기를 들이마시는 것처럼 자연스러우리라. 하지만 외국인인 나에게 한국어의 높임말은 십 년이 지난 지금까지도 헷갈린다. 누구에게 언제 어떤 상황에서 합니다, 해요, 한다……처럼 같은 의미이지만 다른 단어들을 적절하게 사용해야 하는지 아직도 잘 모르겠다. 윗사람에게 존댓말을 해야 한다는 당연함이 혹시나 자유로운 소통

우리가 보지 못한 대한민국

을 방해하지는 않는지, 하는 생각도 든다.

나는 회사 생활을 할 때 종종 상사와 부하 직원 사이의 커뮤니케이터 역할을 요청받았다. 상사와 부하 사이의 보이지 않는 간격은 생각보다 좁히기 어려워서 서로의 의사소통을 어렵게 한다. 영어 사용자고 좀 더 수평적인 문화권 출신인 나는 상대적으로 상사와의 의사소통이 자유로웠다. 그러다 보니 주변 사람들은 상사에게 꺼내기 어려운 주제가 생기면 항상 나에게 전달을 부탁했다. 다시 말해, 대부분의 한국 사람들은 수직적 관계에 도전하는 듯한 인상을 주기를 꺼려 하며 불편하더라도 현 상태를 유지하는 안전한 길을 선택한다.

극단적인 사례지만 연예인의 '일탈'과 그 결과는 이 사회가 바람직한 행위에서 벗어난 개인들을 어떻게 바라보는지, 어떻게 단죄하는지를 잘 보여 준다. 셀럽은 종종 대중이 기대하는 완벽한 모습에 근접해 있다고 여겨진다. 셀럽의 생활, 외모, 패션, 피부, 몸매, 인성, 지적 수준, 행동 등 많은 부분이 동경의 대상이 된다. 그들은 공인으로서 타인의 모범이 되어야 하며, 그들의 성공과 실패는 사회적 규범을 지키는지 여부에 따라 결정된다. 만에 하나 연예인이 사회적 규범에서 벗어난 행위(해외 원정 도박, 대마초 흡연, 프로포폴 투약은 물론, 불륜 '의혹', 노브라 '논란' 등)를 한다면 그들은 사회적으로 매장된다.

궁금한 점은 왜 연예인에게 잘못된 행위에 대한 사과와 반성을 주변에서 강제하는가이다. 모름지기 사과나 반성은 자발적으로 우러나올 때 진심이 담기는 법이다. 강요된 사과와 반성은 백번을 해도 무의미하다. 그럼에도 미디어와 대중은 끊임없이 해당 인물이 사회적 기준이나 규범에서 벗어났음을 인정하고 용서를 구하기를 요구한다. 마치 그들의 사과가 진심인지 아닌지는 중요하지 않고, 그들이 틀렸거나 잘못됐음을 꼬집는 일이 우선인 것처럼 말이다.

최근 연예인 한 명이 눈썹 문신을 했다가 곤욕을 치렀다. 곧바로 「○○○ 불법 눈썹 문신 시술 지적에 사과 없이 "몰랐다"」라는 제목의 기사가 났다. 좋은 인상을 주고자 주변의 많은 사람들 역시 눈썹 문신 시술을 받고 있다는 사실을 알면서도 그 연예인에게 (그 일로) 사과하기를 바라는 것 자체가 나에게는 충격이었다.

이런 기대들은 아마도 사과를 요구하는 사람들 스스로의 불안이나 불행과 관련이 있을 것이다. 나는 내가 하고 싶은 대로 할 수 없는데 누군가에게는 허락된다고? 가끔은 타인의 불완전함을 지적하는 사람들이 과연 얼마나 완벽한지 궁금하다.

그럼 이상적인 사람이란?

앞서 우리는 바람직하지 않은 개인의 특성 중 극히 일부만 나열하고, 사회가 그런 사람들을 어떻게 바라보는지 살펴봤다. 사회적으로 부정적 평가를 받고 싶은 사람은 어디에도 없다. 자연적으로 그 누구도 편견, 차별, 혐오의 대상이 되고 싶어 하지 않는다. 그렇기에 이런 부정적 특성들을 개선하거나 제거하려고 애쓰는 것이다. 가능한 한 주변과 사회로부터 인정받는 이상적인 인간이 되려고 말이다. 그렇다면 이상적인 사람이란 과연 어떨까?

● 남성 혹은 여성?

한국 사회는 단시간에 많은 개선을 거쳐 성평등에 근접하긴 했지만 아직까지 여성으로 태어나기보다는 남성으로 태어나는 쪽이 더 유리하다. 남성으로 태어나면 조직이나 집단의 리더가 될 가능성이 좀 더 높고 경제적으로 성공할 기회역시 좀 더 많으며 주변으로부터 진지한 대상으로 여겨질 가능성이 크다. 약하다고 무시받을 확률도 줄어들며, 이는 물리적이거나 언어적 폭력에 노출될 우려가 감소함을 의미한다. 즉 좀 더 평범하고 안전한 일상을 영위할 수 있다.

● 가정 환경

출생이나 성장 지역도 중요하다. 다들 부유한 동네에서, 브랜드 아파트에서, 비슷한 사교육 환경에서 끼리끼리 모이기를 선호하지 않는가.

가능하다면 유복한 가정 환경과 주변의 존경을 받는 부모 밑에서 태어나 성장하기를 마다할 사람은 없을 것이다. 물론 부모 양쪽이 한국인이어야 한다. 국적뿐만 아니라 외모까지도. 부모의 자산과 자녀의 학업 성취도 사이에 일정한 상관관계가 있음은 통계로도 입증된 바 있다. 이런 배경은 좋은 성장 환경, 보다 나은 교육 여건, 인맥 형성 그리고 결국 개인의 성취도로 연결되리라. 꼭 이런 환경이 무조건 좋은 결과를 의미하지는 않지만 가능성의 측면에서 좀 더 확률이 높다고 할 수 있다.

● 개인 조건

값비싼 사교육 비용을 지불하고 방대한 지식을 암기하거나 소화시킬 수 있을 정도의 지능과 강한 인내심을 갖고 있다면 아마 명문 대학교에 진학하게 될 것이다. 거기서도 높은 학점으로 졸업해서 구직난을 뚫고 공기업이나 대기업에 입사하면 중소기업보다 (최소한) 두 배 높은 연봉을 받게 될 터다. 연

줄이 있으면 대학 입학 자기소개서나 입사 지원서에 적을 수 있는 경력을 남보다 쉽게 쌓을 수 있고, 종종 부모의 인맥이 좋은 회사에 쉽게 취직할 수 있는 기회를 제공한다.

결혼 시장에서 당사자뿐만 아니라 부모의 직업과 재산에 관심을 두는 까닭은 개인의 사회·경제적 성취가 부모의 지위와 밀접히 관련되어 있다고 보기 때문이다. 사실상 자수성가가 어려운 현실에서 자녀의 이상적인 결혼과 가정생활에 필요한 경제적 지원은 부모의 사회·경제적 지위에 의존한다. 이런 조건이 갖춰지면 높은 연봉과 브랜드 아파트를 구비한, 이른바 이상적 결혼을 할 확률이 월등히 높아진다.

물론 개인의 건강과 외모는 최상의 수준이어야 한다. 성형 수술은 더 이상 사회에서 터부시되지 않는다. 또 피부 상태에 맞는 온갖 종류의 화장품들이 기다리고 있으며, 피부과나 헬스장은 늘 열려 있다. 돈과 노력이 필요할 뿐 불가능은 없어 보인다.

사실 이상적 인간상의 조건은 끝이 없다.

과연 이런 이상적 인간에 맞는 사람이 몇 명이나 될까. '완벽'한 몸매와, '완벽'한 가족 배경과, '완벽'한 스펙과, '완벽'

한 성격 등. 나는 통계학자가 아니지만 아마 0.001퍼센트 정도거나 존재하지 않을 것이다. 이는 드라마 속에나 있을 법한 캐릭터이며, 그래서 많은 사람들이 드라마를 즐겨 보는 것은 아닐까 생각한다. 스스로를 포함해서 그 누구도 될 수 없는 이상적 인간을 꿈꾸면서……

결국 이상적 인간상의 기준으로 보면, 우리 모두가 소외받을 만한 요소를 하나씩은 갖고 있는 것 아닌가. 이는 우리 모두가 불완전하고 서로 다를 수밖에 없는 존재이기 때문이다. 상품으로 치면 우리 모두는 크든 작든 특정 부분에서는 불량품이다. 서로 비교하고 서로 투쟁하고 서로 경계해야 하는 초경쟁 사회의 논리를 따르자면 우리 모두는 단지 다르다는 이유로, 불완전하다는 이유로 차별받아야 한다. 그리고 이런 차별은 사실 우리 일상에서 늘 존재해 왔다. 가령 아파트 경비원은 아파트 주민에게 차별받고, 그 경비원을 차별하던 사람 역시 국산 경차를 몬다는 이유로 차별받는 게 현실이다. 이렇게 우리는 서로가 서로에 대해 (무)의식적으로 차별하고 차별받으면서 살아가고 있다.

차별은 안 되지만 차별은 괜찮아

도덕적으로나 법적으로 보면 차별은 단연코 나쁜 것이

다. 그리고 더 나은 사회를 위해서 바람직하지도, 받아들일 수도 없다는 데에 동의하리라. 하지만 앞서 다뤘듯이 한국 사회에서 차별은 일상화되어 있다. 한마디로 이 사회는 개인을 그냥 가만두지 않는다.

어쩌면 차별은 개인이나 사회적으로 내재된 속성일지도 모른다. 자원은 한정적이고 경쟁은 일상적이니, 항상 최선을 보여 줘야 생존할 수 있다는 무의식적 집착과 압박감이 자연스러운 감정일 수도 있다. 내 자녀는 부유한 친구를 사귀었으면 하고, 사교육을 동원해서라도 번듯한 대학을 나와야 하며, 남들이 부러워할 만한 직장을 다녔으면 하는 바람. '인물도 경쟁력'인 시대에 이왕이면 잘생기고 예쁜 사원을 뽑고 싶은 마음. 이런 선호가 자연스럽게 그렇지 못한 사람들을 배척해 버린다.

그리고 우리는 그룹 안에서 동질적 속성을 서로 확인하며 일원끼리 화합과 단결을 도모한다. 그 안에서 우리는 소속감, 평안, 안전함을 느낀다. 외부의 이질적 속성은 그룹의 안정을 해치므로 경계와 배척의 대상이 된다. 이렇게 사람들은 자신이나 우리와 다른 것을 본능적으로 거부한다. 이성적으로 차별을 잘못된 것으로 인식하지만, 무의적으로는 어쩔 수 없다고 느끼는 것이다. 한 통계에 따르면 서울 시민의 80퍼센트는 다른 문화를 차별해선 안 된다고 생각하지만 소수자가 이웃이 되는 것처럼 자신의 일이 될 경우엔 세 명 중 한 명만 동의하는 등 이중적인 모습을 보였다.

한국 사회에서 열 명 중 일곱 명이 성별, 성적 지향, 이념, 인종 등을 이유로 차별받은 경험이 있다고 답했다. 국가인권위원회의 설문 조사에 따르면, 국민의 88.5퍼센트가 차별금지법 제정을 찬성한다고 한다. 이런 요구에 맞게 지난 십사 년간 국회에서 차별금지법 제정에 대한 논의가 진행되어 왔지만 보수 기독교 단체 등 일부 세력의 반대로 통과는 여전히 묘연하다.

과거의 보수 기독교는 반공을 목표로 활동했지만 최근엔 무슬림, 난민, 페미니즘, 성 소수자와 같은 사회적 약자들의 권리를 부정하는 것으로 공동체의 정체성 강화를 도모하고 있다. 결국 차별금지법은 내부의 결속을 위협하고 자신들의 입을 틀어막으므로 절대 받아들일 수 없다는 입장이다.

단적인 예로 보수 기독교 단체는 '차별금지법' 내에 '성적 지향'과 '성 정체성'에 따른 차별 금지를 포함하면 동성애

우리가 보지 못한 대한민국

를 조장하게 되리라고 주장한다. 가령 동성애를 '옹호'하면 많은 청소년이 동성애자가 되고 가정은 파탄 날 뿐만 아니라 출산율이 낮아지고 군 복무자가 줄어서 북한의 침략을 받게 된다고 말이다. 또한 만연한 '에이즈'(사실 HIV이지만) 탓에 정부의 건강 보험 부담 비용이 치솟아서 국가 재정 상태를 악화시킨다고, 결과적으로 '차별금지법'이 제정되면 한국은 멸망하게 된다고 목소리를 높인다.

그런데 성적 지향은 타고나는 것이지 백화점에서 옷을 고르듯 선택할 수 있는 것이 아니다. 만에 하나 선택할 수 있다면 공공연한 차별이 허용되는 이 사회에서 굳이 혐오에 맞서며 살아가야 하는 성 소수자를 선택할까?

물론 차별금지법 제정으로 한순간에 차별이 사라지지는 않을 것이다. 하지만 법 제정을 출발점으로 삼아, 그동안 관행으로 여겨 왔던 부당한 차별들을 시정해 나아가려는 노력을 기대해 볼 수는 있다. 모두가 평등을 누리고 개개인의 인격이 존중받을 수 있는 최소한의 장치를 만드는 데에 무슨 '사회적 합의'가 필요하단 말인가. '표현의 자유'라는 핑계로 타인을 '혐오할 자격'을 허락해야 한단 말인가. 저마다 스스로의 모습 그대로 떳떳하게 존재할 수 있는 사회를 만드는 일은 이 사회를 살아가는 모든 이들의 행복을 위한 기본적인 노력이다.

2022년을 살아가는 한국의 정치인들이 아직도 소수의 극단적인 혐오 세력에 휘둘려서 사회 전체 구성원의 차별을 외면하고 있는 현실은 슬프기만 하다.

8장

왜 학교을 다녀
힘오해?

한국의 '외국인'

최근 몇 년간 외국인들이 출연하는 텔레비전 프로그램이 부쩍 늘어난 것 같다. 채널을 돌리다 보면 외국인들의 모습을 쉽게 발견할 수 있다. 사실 별생각 없이 보면 재미있다. 외국인인데 한국 음식을 좋아하고 젓가락도 제법 쓰며 매운 음식마저 곧잘 먹는다. 한국어를 자유자재로 구사하거나 한국 문화를 잘 설명하는 경우도 있다. 그들은 '외국인 엔터테이너'다.

이뿐만이 아니다. 광고에서는 잘생긴 외국인이 최신형 자동차를 운전한다. 거리의 포스터에는 이름 모를 백인 여성이 등장해서 한국의 화장품을 광고하고 있다. 장신구 가게는 결혼반지를 낀 예쁜 여성의 사진을, 헬스장은 근육질 남성과

탄탄한 몸매를 자랑하는 여성의 포스터를 걸어 놓는다. 물론 모두 외국인이다. 한국에서 외국인이 등장하는 텔레비전 프로그램, 광고, 전단지는 아주 흔한 일이다.

나도 외국인 예능 프로그램에 출연 요청을 받고 사전 미팅에 참석한 적이 있다. 기자로서 요즘 어떤 주제에 관심 있는지 물어봐서 나는 주저하지 않고 말했다. 차별금지법과 자살 문제에 관심이 있다고.(현재 나의 관심이 K-푸드나 K-팝이 아니라서 죄송합니다.) 한국의 긍정적인 일면만 보여 주며, 시청자로 하여금 한국이라는 나라의 자부심을 고취시켜야 하는 방송 프로그램의 콘셉트에 나는 맞지 않았다. 물론 그 뒤로 아무런 연락도 받지 못했다.

대본은 정해져 있고 방송국이 특정 어젠다를 고수하다 보니 출연자들로서는 한국 사회나 한국 문화에 대해 부정적인 시각이나 솔직한 반응을 드러내기가 어렵다. 어쩌다 익숙하지 않은 특정 음식이나 습관에 대해 불편함을 내비치기라도 하면 시청자들의 항의가 출연자의 SNS를 뒤덮기도 한다. 방송국은 유독 시청률에 민감하다 보니 시청자들의 반응을 의식할 수밖에 없다. 한국 사회와 문화가 얼마나 놀랍고 경이로운지 끊임없이 칭찬을 늘어놓는 것만 허락된다.

"우리나라에서 나가라!"

"영국이 우리나라보다 더 심각하잖아!"

"왜 한국을 싫어하세요?"

"그럼 한국에서 도대체 왜 살아?"

"우리나라 만만해?"

"외국인은 한국에 대해 비판할 자격 없어!"

"넌 한국에 대해 하나도 모르네."

"한국을 까는 거 재밌어?"

텔레비전 프로그램에 시청자 항의가 들어온다면, 나의 기사나 SNS에는 비난의 댓글이 줄을 잇는다. 그뿐만 아니라 메시지와 이메일로는 차마 글로 옮기기 어려운 욕설이 일방적으로 쏟아진다. 나의 주장을 캡처하거나 해당 게시물의 링크를 각종 온라인 커뮤니티나 포럼에 공유해서 조리돌리는 경우도 많다.

진짜 문제는 이 책뿐 아니라 나의 글들이 그간 한국에서 몸소 경험해 온 사회 요소들에 대해 있는 그대로 다뤘다는 점이다. 이는 그동안 한국 사회에서 봐 왔던 '통상적인 외국인'의 역할에서 벗어난 행동이다. 굳이 일반화하자면 한국 사회

우리가 보지 못한 대한민국

에서 살아가는 외국인의 역할이란 다음과 같다.

　　— 결혼 이민자이거나,
　　— 한국인들이 기피하는 직종에서 군말 없이 일만 하거나,
　　— 한국 사회와 거리를 두고 외국인끼리 모여서 온전히 외국인
　　의 삶을 살거나,
　　— 대중 매체에서 한국의 홍보 대사를 자처하는 것이다.

　온라인 혐오를 피하려면 가능한 한 이렇듯 제한된 역할을
충실히 수행하면 된다. 한국이 얼마나 아름다운지, 한국의 과
학 기술이 얼마나 독보적인지, K-문화가 얼마나 '유니크'하고
'쿨'한지, 김치와 비빔밥이 얼마나 맛있는지, 한국 사람들의 정
이 얼마나 따뜻하고 깊은지에 대해서만 이야기하면 된다.

　사실 한국에 관심을 가지는 수많은 외국인들이 이미 이
런 역할을 잘 수행하고 있다. 이른바 잘 나가는 외국인 유튜
버들은 한국 관련 콘텐츠로, 즉 K-패션, K-뷰티, K-푸드, K-
팝, K-드라마, K-문화, K-'어머 이런 거 신기해'에 대해 벌
써 침이 마를 정도로 다루고 있다. 유튜브에서 '외국인 반응'
키워드로 검색해 보라, 얼마나 긍정적인 콘텐츠들이 넘쳐 나
는가.

한국에 사는 외신 기자들과 독자들의 관계는 조금 더 복잡하다. 한국 사회에서 외국 매체의 영향력은 상상하는 것 이상이다. 특히 《뉴욕 타임스(NYT)》, 《월 스트리트 저널(WSJ)》, BBC, CNN과 같은 공신력 있는 매체들의 영향력은 절대적이다. 이런 매체들에 한국에 관한 긍정적인 기사가 나가면 모두에게 환영받는다. 간혹 부정적인 이슈가 다뤄지면 정파에 따라 상반된 반응이 나타나기도 한다.

한번은 유력 외국 매체에 한국의 법체계가 특정 집단을 차별하고 있음을 지적하면서, 이런 잘못된 관행이 반복되는 데에 당시 집권 정부의 분위기가 한몫한다고 기사를 쓴 적이 있다. 해당 정부의 지지자로 보이는 독자는 나의 기사에서 거론된 사례가 오역, 문맥에서 벗어남, 숨겨진 의도 탓에 왜곡되었다며 공식적으로 해당 매체에 항의를 했다. 그 매체는 문제 제기를 심각하게 받아들이고 나의 기사를 심도 있게 조사했다. 그래서 나는 다시 한 번 그 근거 자료가 다양한 출처를 통해 검증된 공신력 있는 정보임을 입증했고, 결국 내가 쓴 기사는 아무런 문제가 없다고 밝혀졌다.

한국의 뛰어난 코로나 방역 시스템 운영에 대해 긍정적인 트윗을 날리면 정부 지지자들은 열렬한 반응을 보인다. 한

우리가 보지 못한 대한민국

편 내가 외신 매체에 집권 정부에 관해 부정적인 기사를 쓰면 야권 매체들은 너 나 할 것 없이 해당 기사를 번역해서 전파 하기 바쁘다. 동시에 나는 정부 지지자들로부터 다양한 인신 공격을 받는다. 나는 특정 정파에 속해 있지 않지만 독자들은 끊임없이 색안경을 쓰고 내가 적인지 아군인지 판별하느라 분주하다.

일단 특정 독자 집단에게 적으로 간주되면 그들의 공격 은 사적 영역에서 멈추지 않는다. 이 점을 보면 내가 조직이나 회사에 소속되지 않고 프리랜서로 일하고 있음이 얼마나 다 행인지 모르겠다. 한번은 트위터에서 내가 공격받고 있을 때, 한 친구가 악의적인 공격으로부터 나를 두둔하는 트윗을 썼 고, 그 결과 그의 회사에는 항의 전화가 빗발쳤다. 그는 상사 에게 잘못이 없음을 입증해야 했고 하마터면 나로 인해서 직 장을 잃을 뻔했다. 그들의 공격은 오로지 한 개인의 의견뿐만 아니라, 발언자 자체를 경제 활동과 사회적 영역에서 철저히 매장시키는 데에 초점이 맞춰져 있는 듯 보였다.

연예인들과 마찬가지로 외국인 역시 주어진 역할에서 벗 어나면 사회적으로 배제당하며 이는 궁극적으로 한국을 떠나 야 함을 의미한다.

나는 한국인이든 외국인이든 누구나 자신이 현재 몸담고 살아 숨 쉬고 일하고 세금을 내고 먹고사는 공간에 대해 관심을 가지고 이야기할 자격이 있다고 생각한다. 나아가 인간은 국적이나 피부색을 떠나 공감하는 동물이다. 내가 주변 사람들의 고통에 공감하지 못한다면 소시오패스나 사이코패스일 따름이다.

이런 관심과 공감 그리고 소통하려는 노력이 한국에 대한 혐오로 비친다면 어쩔 수 없다. 그리고 내가 진심으로 한국을 혐오했다면 십여 년이라는 긴 시간을 버티지 못했을 것이고, 아마 오래전에 한국을 떠났을 터다.

한국은 지옥인가?

영국은 방문할 때마다 시간이 멈춰 있는 느낌이다. 공간은 물론이고 사람들조차 변화하는 법을 잊은 채 갇혀 있는 듯하다. 마치 다 읽은 책을 다시 읽는 것처럼 약간 지루하다.

한국은 정반대다. 2006년에 처음 발을 디뎠을 때의 한국과 2011년에 다시 찾은 한국의 인상은 분명 달랐다. 물론 2011년의 한국과 지금의 한국도 다르다. 한국에서의 변화는 현재 진행형이고, 매 순간 새롭고 극적으로 전개된다. 나는 그

중 어느 것 하나 놓치고 싶지 않다. 새로운 변화를 현장에서 생생하게 경험하고 싶어서 한국을 떠날 수 없는지도 모른다.

내 또래의 많은 한국 사람들은 이렇게 묻는다. "왜 한국에서 사니? 우리 모두가 '헬조선'을 벗어나고 싶어 하는데…… 어째서 영국에서 살지 않고 굳이 여기서 사니? 이해가 안 돼." 간단히 대답하자면 살기에 편하기 때문이다. 인터넷을 설치하려고 전화를 하면 한 시간 만에 연결되고, 고장 난 노트북을 들고 가면 접수 몇 분 만에 수리 기사님께 전달되는 나라가 어디 흔한가? 지갑이나 가방을 커피숍에 두고 나와도 그대로 돌려받을 수 있는 나라는 세상에 몇 없다. 서울 지하철은 깨끗하고 편리하기로 세계에서 인정받는 교통수단이고 온라인으로 모든 일을 처리할 수 있으며, 인터넷 속도는…… 말해 무엇하랴. 단연 세계 1등이다. 정말 많은 나라를 다녀 봤지만 이보다 더 살기 편한 나라는 정녕 찾기 힘들다. 강력 범죄와 사건, 사고가 매일 뉴스를 도배하지만 개인적으로 느끼기에 한국만큼 안전한 나라도 없다.

사실 오래 머물다 보니 내가 살고 있는 동네를 더더욱 떠나고 싶지 않다. 아침마다 찾아가는 동네의 작은 커피숍, 든든한 한 끼를 책임지는 쌈밥집에, 친구들과 어울릴 수 있는 근처의 단골 술집들까지…… 내가 낯선 타향에서 살고 있음을 잊게 한다. 사실 나는 단순한 편이다. 삶을 살아가는 데 그다지 많은 것이 필요하지 않다.

다른 나라와 마찬가지로 한국도 완벽한 나라는 아니다. 외부인의 시선으로 본 한국은 세련되고 화려하며 역동적인 곳이다. 한국은 눈부신 경제 발전과 예술 번영의 시기에 들어섰으며, 전 세계의 부러움과 찬사를 받고 있다. 하지만 이는 한국 사람들이 느끼는 현실과 괴리가 있다. 급작스러운 경제, 기술, 사회의 변화는 혼란을 야기하고 있으며, 사회적 갈등의 원인으로 작용하고 있다. 가까운 주변 사람들만 봐도 스스로 불행하다고 생각하는 이들이 적잖다. 특히 젊은 세대일수록 더 그렇다.

기성세대가 만들어 놓은 계단을 열심히 올라가 보지만 단계마다 마주해야만 하는 '지옥' 같은 현실은 많은 젊은이에게 필요 이상의 고통을 안기고 있다. 학교, 학원, 수능, 대학, 취직, 결혼, 주거, 육아, 안정, 부의 축적, 노후 등 무엇 하나 보장된 것이 없다. 사회는 뼈를 깎는 노력과 끊임없는 자기 학대를 강요하지만 보상은 그만큼 따라오지 않는다.

결과의 불안정성(불확실성)은 젊은이들로 하여금 자신에 대한 확신을 잃게 한다. 실패를 반복적으로 마주하다 보면 스스로 약하거나 뒤처진다고 느끼게 된다. 사회·경제적 구조에서 기인한 바늘구멍 같은 기회를 얻지 못한 사람들은 자기가 부족하다며 자책한다. 내가 원하는 결과를 얻으려면 나 자신에 대한 개조와 개선을 멈추면 안 된다고 속박한다. 그래서 나의 현재를 뭔가 부족하고 허전하고 채워지지 않는 것으로 여기게 된다.

생존 경쟁에서 살아남으려고 자기 계발과 스펙 관리에 몰두하면 할수록 불행과 패배만이 있을 뿐이다. 남들이 하는 대로 따르다 보면 연속적으로 마주해야 하는 실패 탓에 자기 확신을 깎아 먹게 된다. 삶이 더 팍팍해지고 심리적 여유는 줄어들며 타인에 대한 이해, 관용, 배려의 가능성도 옅어진다. 갈등 요소만 늘어나고 타인에 대한 불신과 대립이 증폭된다. 마침내 스스로의 불행을 타인에게 전염시키는 데 주저하지 않게 된다. 이 모든 요소들이 이 사회를 지옥으로 느끼게 하는 것이다.

나와 모든 사람들이 오늘보다는 더 나은 내일을 기대하며 살아갈 수 있기를, 분열, 대립, 차별보다 이해, 관용, 배려 곁에 머물기를 바란다. 타인의 인정 없이도 자신의 불완전함을 인정하고 받아들이는 사람들이 많았으면 한다. 그리고 타인이 자기를 있는 그대로 받아들이기 원하듯이, 타인도 있는 그대로 받아들이는 사람들이 많아졌으면 한다. 개개인의 독특한 개성과 특성을 인정하고 그것을 살리는 과정에서 새로운 길을 개척할 수 있다.

결국 한국 사회를 살아가는 사람들이 느끼는 불행은 자기 본모습에서 멀어지는 상황에서 기인한다. 자신에게서 멀어지면 멀어질수록 감당해야 하는 불행의 크기 역시 더욱 커진다. 기존의 사회 질서는 끊임없이 우리의 본모습이 생존 경쟁에서 이기기에 불충분하다고 다그친다. 그리고 성취와 성공만을 향해 정처 없이 가다 보면 급기야 스스로를 부정하고 개선하고 바꿔야 하는 대상으로 여기게 되리라.

이렇게 자신과 멀어지다 보면 스스로 판단하기보다는 주변의 의견에 휘둘리기 쉽다. 그리고 사교육 산업, 미용 산업, 명품 산업, 종교 산업은 개인들의 공허함, 불안, 성취에 대한 갈망을 먹잇감으로 삼아 지금도 성업 중이다. 대중 매체와 온라인 커뮤니티, 극단적 인플루언서, 익명의 댓글들은 지금 이 순간에도 일그러진 의견 형성을 부추기고 있다.

우리가 부지런히 추구해야 하는 것은 사회적으로 주입된 꿈이 아니라, 자신의 본모습을 발견하고 수용하고 그것을 지켜 나가려는 노력이다. 이 과정에서 마음의 평안을 찾고 참된 행복을 맛보기를 희망한다.

9장

끝난 이후의

우리

언택트 시대에 더불어 살아가기

아이 아빠가 된 친구에게 요즘 걱정거리가 하나 생겼다. 아이가 태어난 지 이 년 반이 지났는데 아직 말을 떼지 못한 것이다. 급기야 전문가 상담도 받고 언어 치료 과정도 등록했다는데 단시일 내에 해결할 수 있는 문제는 아니다. 코로나 시대에 어린이집에서 교사나 아이들 모두가 마스크를 쓰다 보니 입 모양을 볼 기회도, 말을 나눌 기회도 줄어서 언어 발달이 늦어지는 경우가 많다고 한다.

아이가 유튜브나 넷플릭스에서 자기가 좋아하는 만화를 검색해 보는 모습을 보면 말하기는 시간문제일 뿐 곧 엄마, 아빠를 찾게 될 것이다. 단지 코로나가 사람들 사이의 상호 작용을 제한하고, 아이의 자연스러운 성장 과정에까지 부정적인 영향을 미치는 것 같아서 슬플 따름이다.

사회적 거리 두기가 일상으로 자리 잡은 뒤 사람들은 서로를 멀리하는 데에 익숙해졌다. 포스트 코로나 시대에도 물리적 거리를 재설정하려는 과학 기술적 노력들이 활발하게 이루어지고 있다. 최근 들어 정부 정책에서 '언택트'라는 단어가 자주 등장하는 데다 해당 산업에 9조 원 가까이 투자하고 있다. 비대면 관련 기술과 서비스는 예전에도 있었지만 코로나 이후 급격히 가속화하고 있는 듯 보인다. 그리고 이 같은 움직임은 서비스, 유통, 헬스케어, 엔터테인먼트 등 사회 전반으로 확대되고 있다.

비대면 서비스는 한편으로 긍정적인 경험을 제공하기도 한다. 군이 카페나 식당에서 직원을 기다릴 필요 없이 클릭 몇 번으로 주문을 마치고, 심지어 로봇이 테이블까지 음식을 가져다준다. 무인 서비스와 매장은 계속 증가하는 추세며 대면 서비스는 점점 줄어드는 모양새다. 단편적인 예로 온라인 및 모바일 뱅킹의 증가 때문에 많은 은행들이 지점 수를 줄이거나 축소하고 있다. 언젠가 대면 서비스가 비대면 서비스로 완전히 대체될 날이 올 수도 있다.

비대면 활동은 공적 영역에서만 이루어지지 않는다. 우리의 사적 영역인 여가 시간도 메타버스라는 가상 공간에서 보낼 수 있다. 팬들은 자신들이 좋아하는 스타들을 메타버스 안에서 만날 수 있으며, 콘서트나 팬 미팅이 열리기도 한다. 사회를 사람들 간의 끊임없는 상호 작용의 결과물로 본다면 가상 공간 또한 현실 세계의 많은 부분을 담아내는 제2의 사회가 될 가능성이 크다.

언택트가 보편화되면 대면 활동으로 인한 관계의 스트레스는 어느 정도 줄일 수 있을 터다.(물론 줌 화면 안에서도 화난 상사의 얼굴을 피할 수는 없겠지만⋯⋯.) 개인의 익명성은 확대될 것이며, 대면의 제약으로 현실 세계에서 실현 불가능하던 많은 것들이 가능하게 되리라. 이를테면 대면 활동에서 요청되는 많은 종류의 사회적 의례가 생략되고, 서비스 산업에서 요청되는 감정 노동의 필요성 역시 대폭 줄어들 것이다. 재택 근무는 좀 더 편안한 업무 여건을 마련해 주고, 회사 내의 갑질이나 눈치보기식 야근을 줄여 줄 터다.

비대면 사회에 긍정적인 면만 있지는 않다. 사회적 거리 두기가 어린아이의 언어 발달에 영향을 준 것처럼 성인의 정서, 사고, 행위 과정에도 알게 모르게 영향을 끼칠 것이다. '코

우리가 보지 못한 대한민국

로나 블루'와 같은 신조어만 봐도 비대면 환경이 개인에게 주는 부정적 영향은 분명해 보인다. 사회적 동물인 인간이 살아가기 위해서는 타인과의 교류는 필수적이다. '베프'나 '찐친'이라는 신조어가 의미하는 바는 교류의 빈도뿐만 아니라 교류의 질적 측면도 중요함을 의미한다. 줌이나 메타버스 같은 비대면 상호 작용 기술은 대면 상호 작용의 질적 측면을 반영하기에는 부족하다. 줌의 이미지나 가상 세계의 아바타는 '나'를 구성하는 복잡한 요소들을 전부 담아낼 수 없다. 특정 순간의 상태를 오롯이 보여 주기조차 불가능하다. 이런 제한된 정보를 바탕으로 질적 교류를 나누기란 어렵다.

그럼에도 코로나 상황은 지극히 제한된 정보를 바탕으로 각자가 상호 작용할 수밖에 없도록 강제하고 있다. 사적 만남이 제한되자 많은 젊은이들이 데이팅 앱에 몰리는 현상만 봐도 알 수 있다. 온라인 데이팅 프로필을 통해서 우리가 상대에 대해 제대로 알 수 있는 바는 거의 없다. 완벽한 사진이나 자기소개, 위트 넘치고 다정한 메시지를 아무리 주고받더라도 실제로 한번 만나 보고 대화하는 데에는 미치지 못한다.

이런 제한적 상호 작용은 자칫 타인에 대한 편견과 사회적 양극화를 강화할 수 있다. 코로나 이전에도 한국 사회는 끊임없이 개인을 제한적 요소들로 정의해 왔다. 한 개인을 성적, 학력, 직업, 재산, 집안 배경, 외모, 키, 나이, 성별 같은 요소로 평가하는 세태는 안타깝지만 너무나 일반적이다. 그런 요소를 기준으로 개인을 바람직한 존재와 그렇지 못한 존재로 나누고, 수용이나 배척을 관행처럼 실시해 왔다. 그리고 이 같은 편협한 범주화는 코로나로 인해서 더 강화되는 듯 보인다.

타인을 표면적 지표로 범주화해서 평가하는 경향은 아주 위험하다. 온라인상의 댓글이나 커뮤니티만 봐도 바로 알 수 있다. 한두 개의 이미지나 사례를 가지고 한 사람을 완전히 매장시킨다. 사이버 불링(cyber-bullying)이나 일상적인 온라인 혐오가 심화하고 있으며, 그 근거는 대개 출처 불명의 루머나 과거의 몇몇 사례를 끼워 맞추는 식이다. 타인에 대한 이런 종류의 공격은 너무나 쉽게 시작되고 끈질기게 지속되며 한 사람의 삶을 지옥으로 몰아넣는다.

2021년, 넷플릭스의 「오징어 게임」과 「지옥」은 세계적으로 인기를 끌었다. 둘 다 어두운 사회 이슈를 다루면서 동시에 극적 재미를 담았다는 점에서 성공의 이유는 분명하다. 특히 「지옥」은 사이버 불링과 온라인 집단의 혐오 양상을 잘 담아냈다. 드라마 속 BJ의 선동과 쉴 새 없이 올라오는 라이브 채팅 그리고 그 참여자들이 주고받는 내용들은 온라인 마녀사냥이 어떤 식으로 이루어지는지를 잘 보여 준다. 실제로 2022년에도 모 여성 BJ, 모 남자 배구 선수가 집단적 사이버 불링 탓에 스스로 생을 마감했다.

더 놀라운 점은 너무나 많은 사람들이 이런 온라인 혐오에 자발적으로 참여한다는 사실이다. 추측하건대 스스로 만족하거나 행복하다고 느끼는 사람은 타인을 불행으로 몰아넣는 행위에 동참하지 않으려 할 터다. 이를테면 스스로 불행하다고 느끼는 사람들이야말로 타인의 행복을 파괴하는 데 관심을 가질 가능성이 크다. 나의 가설이 맞다면 왜 그렇게 많은 사람들이 불행하다고 느끼는 것인가.

타인을 제한된 지표들로 평가하는 것이 당연하다면, 자신을 평가할 때도 동일한 지표들을 사용함이 분명하다. 해당 지표들(직업, 연봉, 아파트 평수, 외모, 학력, 차 브랜드 등)을 기준으로 연신 자기를 평가하고 평가당하다 보면 불만족을 느낄 수밖에 없다. 왜냐하면 이런 기준들에 부합할 만한 점수를 가지고 있는 사람은 극히 소수이기 때문이다. 그러므로 남이 잘되면 배 아픈 사람처럼, 타인의 소소한 행복이나 성취를 수용하고 응원하기보다 그 '자격'을 따지며 마녀사냥에 기꺼이 동참하게 되는 것이다.

이토록 표면적이고 제한된 지표들이 진정으로 '나'를 정의하는 요소들의 전부인가? 전혀 그렇지 않다. 모든 인간에겐 정상과 비정상, 이상과 현실, 아름다움과 추함, 앎과 무지 같은 정반대되는 요소들이 혼재되어 있다. 진정으로 행복한 사람은 스스로가 보기에 부족한 부분들을 직시하고, 있는 그대로 받아들이는 사람이다. 그리고 진정한 '찐친'이라면 이런 나의 부정적인 부분들까지 충분히 헤아리고 이해해 주는 존재이리라.

당신은 이 책 속에서 스스로 안고 있는 문제의 해결 방법이나 해답을 찾고자 했을지도 모른다. 하지만 나는 그런 해답을 갖고 있지 않다. 단지 가끔은 해결 방법을 찾기에 앞서, 개인과 이 사회가 안고 있는 문제를 있는 그대로 바라보고 이해하는 일이 더 중요할 수도 있겠다는 생각이 든다.

우리가 보지 못한 대한민국

우리가 보지 못한 대한민국

1판 1쇄 펴냄 2022년 7월 8일
1판 3쇄 펴냄 2023년 7월 25일

지은이 라파엘 라시드
옮긴이 허원민
발행인 박근섭, 박상준
펴낸곳 (주)민음사

출판등록 1966. 5. 19. (제16-490호)
주소   서울시 강남구 도산대로1길 62
          강남출판문화센터 5층 (06027)
대표전화 02-515-2000 팩시밀리 02-515-2007
www.minumsa.com

© 라파엘 라시드, 허원민, 2022. Printed in Seoul, Korea
ISBN 978-89-374-4285-8 (03330)